股权分置改革
与中国资本市场

Split-Share Structre Reform
and
China's Capital Market

廖理 等著

2012年·北京

图书在版编目(CIP)数据

股权分置改革与中国资本市场/廖理等著.—北京：
商务印书馆,2012
ISBN 978-7-100-09351-4

Ⅰ.①股… Ⅱ.①廖… Ⅲ.①上市公司—股份制—研究—中国 Ⅳ.①F279.246

中国版本图书馆 CIP 数据核字(2012)第 177779 号

所有权利保留。
未经许可，不得以任何方式使用。

股权分置改革与中国资本市场
廖理 等 著

商 务 印 书 馆 出 版
(北京王府井大街36号 邮政编码 100710)
商 务 印 书 馆 发 行
北京瑞古冠中印刷厂印刷
ISBN 978-7-100-09351-4

2012 年 11 月第 1 版　　开本 880×1230　1/32
2012 年 11 月北京第 1 次印刷　印张 7⅓　插页 1
定价：38.00 元

序　言

　　股权分置是中国资本市场发展中特有的制度问题。自中国资本市场创立以来，上市公司的股权分置问题就一直存在。中国资本市场制度的原始设计希望达到双重目标，既要为国企脱困和发展募集资金，又不能失去上市公司的国有控股地位。由此，出现了中国股市独特的双轨制，即流通股与非流通股并存，发行流通股的目的在于融资以发展社会主义市场经济，发行非流通股的目的在于维护社会主义公有制性质。股权分置这一选择性制度安排，有着深刻的历史根源，与当时的政治、经济以及意识形态密切相关。

　　然而，随着我国经济体制改革的深入和资本市场的发展，股权分置逐步成为制约我国资本市场发展的制度缺陷。股权分置带来的非流通股股东和流通股股东之间的利益关系扭曲，使资本市场应有的资源优化配置功能无从发挥。股权分置下"一股独大"和"非流通股股东和流通股股东利益冲突"则被认为是上市公司治理低下、企业绩效降低的根本原因。在这样的背景下，国务院决定在2005年4月启动股权分置改革。股权分置问题的逐步解决，将有利于资本市场的定价环境，改变原非流通股股东的利益机制，推动我国资本市场在后股权分置时代的健康稳定发展。

　　面对一场如此重要的改革，深入理解它对我国上市公司微观层面以及资本市场宏观层面的影响，显然具有理论和实践的重要意义。在公司层面上，我们分析了股改对上市公司治理的直接影响、机构投资者在股改中的积极行为以及家族控制的上市公司在股改前后的行为变化。在资本市场层面上，我们分析了股改的市场反应特别是公司治理改善的效应以及市场扩容预期的效应；进一步，对于市场扩容的预期，我们从限售股的解禁期与市场反应的角度进行了研究。

股权分置改革对中国资本市场发展与中国经济改革的影响可能再过很多年才能看得更为清楚。但股改为我们研究中国的上市公司治理和资本市场发展提供了一个难得的机会和视角，使我们在深刻理解中国公司治理和资本市场的同时，丰富和完善了公司金融理论和资本市场理论。比如我们从股改的制度背景出发，对国内外关于限售股的研究成果进行了全面的回顾和分析，指出中国的限售股与国外有相同之处但又具有自身独特的背景和作用机制。中国上市公司在股改中形成的限售股是大股东支付对价之后的非流通股形成的，其与国外的限售股类似之处在于限售股解禁以后，随着股票供给的增加，价格会随之下跌。与此同时，中国非流通股与国外限售股的不同之处在于非流通股进入流通兼具公司治理的正面效应和扩容的负面效应，这些都是对公司金融理论的贡献。

股权分置改革虽然已经初步完成，但是它对未来中国的公司金融和资本市场的影响是深远的。比如随着限售股的逐步解禁进入流通，上市公司的股权结构会趋于更加分散，这自然会对公司治理带来新的挑战和要求。同时，由于股权更加分散，使得公司控制权的争夺会更加激烈，由此会对资本市场的行为和监管带来新的任务，所有这些都值得我们对后股权时代的公司上市和资本市场进行持续的关注。

本书是国家社科基金"股权分置改革对我国资本市场和公司治理的影响研究"几年以来研究的总结。项目组成员为金李、郦金梁、沈红波、张学勇、张伟强、石美娟、苏丹萍。本书的大部分内容都已经在学术刊物上发表,这里作为一个成果的整合奉献给大家。书稿在出版的过程中,得到了商务印书馆的大力支持,这里深表感谢。

我希望《股权分置改革与中国资本市场》的出版,对中国公司金融和资本市场的研究,起到积极的影响。

廖理

2012 年 2 月

目　录

第一章　绪论 ··· 1
　　第一节　问题的提出 ··· 1
　　第二节　研究思路 ·· 4
　　第三节　研究的主要创新与重点难点 ···································· 8
第二章　制度背景与股权分置改革的具体实践 ························· 11
　　第一节　股权分置的根源与改革背景 ·································· 11
　　第二节　我国上市公司股权分置带来的问题 ······················· 14
　　第三节　股权分置改革的指导思想与历史演进 ···················· 19
第三章　股权分置改革与上市公司治理研究 ··························· 25
　　第一节　理论分析与研究假设 ·· 26
　　第二节　股权分置改革与上市公司治理水平 ······················· 32
　　第三节　股权分置改革、自愿性信息披露与公司治理 ········· 44
第四章　股权分置改革与机构投资者的积极行为 ···················· 69
　　第一节　理论分析与研究假设 ·· 70
　　第二节　研究设计 ··· 74
　　第三节　实证结果及分析 ·· 81
第五章　股权分置改革、控制权价值与利益侵占 ···················· 94
　　第一节　理论分析与研究假设 ·· 95
　　第二节　研究设计 ··· 97

第三节　股权分置改革与控制权价值 …………………… 101
　　第四节　股权分置改革、控制权价值与利益侵占 ………… 104
第六章　股权分置改革的市场效应 ………………………………… 114
　　第一节　理论模型分析 ……………………………………… 115
　　第二节　股改的市场效应与股票需求价格弹性 …………… 121
　　第三节　股改方案公告的实惠效应与未来效应 …………… 141
第七章　股权分置改革与限售股解禁的信息含量 ………………… 163
　　第一节　股改限售协议与限售解禁的制度背景 …………… 164
　　第二节　理论分析与研究假设 ……………………………… 166
　　第三节　限售股解禁的市场冲击和异常交易量 …………… 169
　　第四节　限售股解禁的信息含量 …………………………… 178
第八章　研究发现和政策建议 ……………………………………… 190
　　第一节　主要研究发现 ……………………………………… 190
　　第二节　政策建议 …………………………………………… 195
参考文献 ……………………………………………………………… 203
附录：国家社科基金项目的主要阶段性成果 ……………………… 217

第一章 绪论

第一节 问题的提出

一、问题的提出

20世纪90年代初之后,由于对国有股流通问题总体上采取搁置办法,上市公司股份被分为流通股和非流通股。这种股权分置的状态,导致了非流通股股东和流通股股东之间利益关系的扭曲,使资本市场应有的资源优化配置功能无从发挥。而且,股权分置导致的"一股独大"和"非流通股东和流通股股东利益冲突"被认为是公司治理水平低下、企业绩效降低的根本原因(吴晓求,2004;2005)。

对于股权分置的危害,政府、学术界和市场逐渐取得共识,社会各界对股改的呼声日益强烈。2005年4月29日,中国证监会发布了《关于上市公司股权分置改革试点有关问题的通知》,由此正式拉开了股权分置改革的序幕。截至2006年12月31日,已经有1124家公司完成股改,我国的股权分置改革基本完成,长期阻碍我国资本市场发展的根本问题得到解决,这必将对我国资本市场健康、规范发展产生长期的、深远的影响。

随着股权分置问题的解决,企业价值将逐步与市值统一,原非流通股股东与流通股股东也将从利益对立转为利益趋同,大股东提高上市公司质量、谋求长期发展,可以和公众股股东一样通过股价上涨获得更多合法的股权收益。与此同时,随着股改限售期的结束,解禁的限售股逐步上市交易,资本市场迎来大扩容时代,这也被认为是导致 A 股市场 2007 年之后崩塌的重要因素之一。限售股解禁减持对市场的负面效应来源于两个方面:流通股供应增加导致的价格压力和非对称信息披露引起的价格发现;大股东减持改变了上市公司的股权控制结构,并可能进而影响公司业绩和价值。

面对一场如此重要的改革,我们需要从理论和实证的角度分析其对公司治理的影响和对资本市场的冲击。本书希望建立适合中国国情的资本市场和公司金融微观理论模型,并在此基础上系统研究股权分置改革对公司治理和大股东行为的影响、机构投资者的作用、控制权市场的影响、股改的市场效应以及限售股解禁的信息含量,揭示大股东的行为动因及其对市场的影响,为公司金融的理论和实践提供借鉴。

二、研究意义

在股权分置改革基本完成的今天,一个值得探讨的问题是,股权分置改革的效应究竟如何以及它对上市公司和资本市场究竟有何影响。如果我们的实证研究发现,股权分置改革后,上市公司的利益机制发生根本性变革,上市公司质量大大提高,具体表现在公司治理指数明显提升、市场反应显著为正、控制权市场更加有效等,那么不仅能为股权分置改革的正面效应提供实证证据,也对其他发展中国家的企业改革有着较大的借鉴意义。研究成果对公司财务理论、对实务界、对证券监管部门的价值体现在以下方面。

理论意义:制度对企业行为有着重要的影响。自LLSV(1997)以来,制度与公司金融便成为国内外研究的重点。从学术价值的角度,国际上对制度、投资者保护与公司治理已经有了较多的研究成果,而我国属于新兴市场,股权分置改革这一制度的变迁所带来的企业微观行为的变化,属于国际前沿研究课题,有着较强的学术价值。具体而言,西方公司金融理论对公司治理和大股东控制已有较成熟的分析,但我国的法律与制度背景与西方发达国家存在很大差异,如大股东控制、同股不同权、法律保护较差等。在中国股权分置改革的制度变迁特殊背景下,本书将中国特殊的国情融入传统的公司财务理论,从而创建出符合中国国情的理论框架。我们发现,在股权分置的背景下,大股东有激励去掏空上市公司,而在全流通后,大股东的利益机制发生变化,将会减少渠道行为(Tunneling),增加企业价值。其次,全流通与国外限售股的不同之处在于全流通兼具公司治理的正面效应和扩容的负面效应。对于股权分置改革的市场反应,本书将会建立股票供给和需求模型,分析在扩容压力以及公司治理改善两个冲击下,流通股股东的超额收益将会如何变化。

实务意义:本书力图建立适合我国特殊经济情况的股权分置改革效应模型,并从市场反应和公司长期表现的角度出发研究股改的作用及其与公司价值的关系。揭示这样的信息对投资者、上市公司都有重要的实务意义。本书的研究可以使投资者理解股权分置改革对公司治理、企业业绩的影响,并利用这些信息来分析微观主体的行为动机和博弈,进行投资决策,降低投资风险。上市公司则可通过市场对股权分置改革的反馈,优化融资方法和渠道,改善公司治理结构,提升上市公司业绩,为公司下一步的经营决策提供信息。

政策意义:从政策的角度,股权分置改革虽然已经完成,但是在全流通时代,我们需要制定符合监管层、上市公司、个人投资者、机构投资者和金融服务机构的金融政策,政策既要保持公平性,也要促进资本市场的繁荣,这需要深入了解微观主体的动机、行为及其经济后果。通过建立符合中国国情的理论框架并在这样的理论引导下对股权分置改革与大股东行为、公司治理整体水平、市场反应、企业业绩的实证分析,我们可以知道大股东在股权分置改革前后的作用机制如何,股改后企业业绩得到多大程度的提升,股权分置改革向市场传递了什么信息以及限售股的解禁给市场带来多大的冲击。所以本书的研究可以为制定符合国情的全流通时代的上市公司监管政策提供借鉴。

第二节 研究思路

股权分置改革作为近几年中国资本市场上的一件大事,给中国资本市场和上市公司都带来重大的影响。本书在对现有文献进行系统回顾和整理的基础上,结合中国的特殊历史背景,多角度分析了股权分置改革对公司治理和企业绩效的影响。研究内容分为五个方面：股改与公司治理、股改与市场反应、股改与限售股解禁、股改与机构投资者以及股改与控制权市场。

1. 股权分置改革对公司治理的影响

股权分置改革使得原非流通股股东与流通股股东从利益对立转为利益趋同。本书首先研究股权分置改革是否提高了上市公司治理水平。我们采用主成份分析法构建了包括控股股东、董事会、经理层、信息披露四个维度的公司治理指数（CGI），并研究股权分置改革对公司治理指数的影响。进一步，我们分析公司治理的不同组成部分以及不同类型的公司股改前后治理水平变化有何差异。最后，我们还分析股改进度与公司治理改善的关系，比较已经完成股改的公司和尚未股改的公司在公司治理改善上的差异，以进一步控制样本的自选择问题，验证股改提升公司治理这一结论。此外，我们还研究了股权分置改革与单项公司治理指标（自愿信息披露）的关系，分析股改是否提高了上市公司信息披露质量。

2. 股权分置改革与机构投资者行为

（1）机构投资者在股权分置改革中的积极行为。通过访谈、问卷调查的研究方法，本部分了解证券公司、基金公司、保险公司等机构投资者在每个股改阶段的具体参与形式、参与程度。具体而言：在动议阶段，主要研究上市公司是否与机构投资者进行协商。在协商阶段，主要研究机构投资者是否参与协商、参与的程度以及提出哪些股改修改意见。在表决实施阶段，主要研究机构投资者是否参与投票、机构投资者参与程度及对股改方案的影响。

（2）机构投资者积极行为的经济后果。理论界对机构投资者在参与公司治理、保护中小投资者利益方面存在两种假说：有效监督假说和利益合谋假说。在有效监督假说下,机构投资者由于有能力监督上市公司,因此会提出符合公司长远利益的股改对价,以保护中小股东的利益。而根据利益合谋假说,Black(1992)发现,基金等机构投资者的管理人与基金最终所有者的目标函数往往并不一致,因此机构投资者本身也可能存在委托代理问题。机构投资者可能与上市公司大股东互相勾结、互惠互利,提出损害中小股东利益的股改方案。因此机构投资者在股权分置改革中发挥的作用可以为我们提供机构投资者参与公司治理、保护中小投资者利益的实证证据。

3. 股权分置改革、控制权收益与利益侵占

(1)在股权分置改革过程中,绝大多数上市公司都采取送股作为对价的主要形式,而送股的直接后果是原掌握上市公司控制权的非流通大股东控制权的削弱,这一方面来自大股东自身控股权的降低,另一方面是因为全流通后股权收购与转让的便利导致控制权威胁增加。本书首先详细对比全流通前后上市公司控制权的变化,并预期全流通后对上市公司控制权会有所减少。

(2)控制权是有价值的,掌握了上市公司控制权的股东除可以获得持股收益之外,还可以获得额外的收益,这可以从两个角度来计量:一个角度是直接计量控制权价值的水平,可通过对大宗股权交易的定价和多元投票权股票价值差异来度量(Barclay and Holderness,1989;Dyck and Zingales,2004);另一角度是从控制者获得的各种隐性或者灰色收益来分析。由于全流通后非流通股和流通股股东利益开始趋同,因此我们预期全流通后上市公司控制权价值会有所降低。

(3)全流通对于公司治理的影响之一是,全流通后可预见的股权(控制权)收购会更加频繁,构成了对上市公司控制者、管理层的有效激励,因此我们还预期全流通后上市公司控制权市场有效性会得到提高。

4.股权分置改革与市场反应

股权分置改革后,市场预期上市公司的公司治理得到改善,但另一方面,因全流通引起的市场扩容将损害流通股股东利益。因此研究股权分置改革的市场反应需要同时检验股权分置改革带来的公司治理的正面效应和扩容的负面效应。本书首先采用事件研究法计算累计超额收益。事件日定义为股改复牌日。计算预期收益时,本书采用市场模型、市场调整模型、Fama-French 三因子模型。我们首先考察股改复牌前后公司流通股股东的累计超额收益,然后进一步考察累计超额收益(短期和长期)的影响因素。我们预期累积超额收益与非流通股比例负相关,与公司治理改善(CGI 的增加)正相关,且公司治理的正面效应大于扩容的负面效应。

5.股权分置改革、市场扩容与限售股解禁的信息含量

股权分置改革对资本市场的影响最重要的一个方面就是会给市场带来很大的资金压力。国际上关于股票扩容对市场影响的研究文献很多,如 Scholes(1972)认为股票供给的增加导致价格下跌,是因为股票的需求曲线向下倾斜。Asqith 和 Mullins(1986)的研究表明,公告日股价下跌与股票发行规模显著负相关。相比而言,中国独特的股权分置改革与国外的限售股解禁类似,但又有很大不同。本书对限售股解禁的信息含量从以下角度进行研究:

(1)股权分置改革的限售股解禁的市场反应。本书研究市场超额收益与解禁期的关系,预期随着解禁期的逐渐来临,市场累计超额收益为负。

（2）售股解禁市场反应的影响因素。进一步地,本书研究超额收益与公司特征的关系。我们预期超额收益与公司信息透明度有关,信息透明度越高的公司,其股票价格下跌越少。

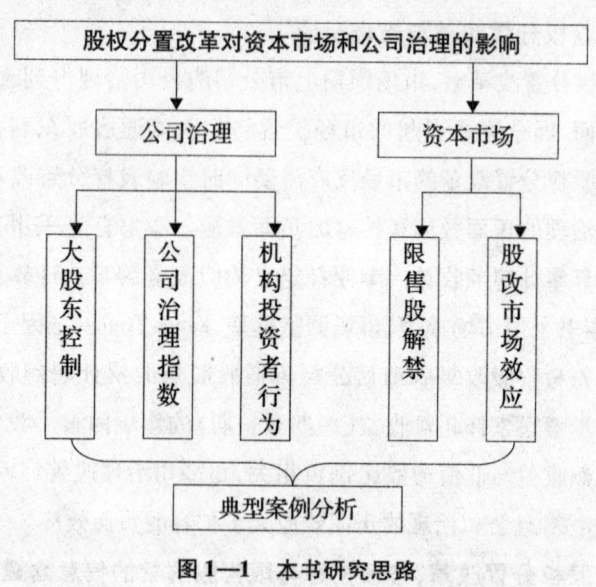

图1—1　本书研究思路

第三节　研究的主要创新与重点难点

一、主要观点及创新之处

本书认为,股权分置改革将导致原非流通股股东与流通股股东从利益对立转为利益趋同,但全流通还会给资本市场带来很大的供给压力。因此,对股权分置改革的影响应该分别从公司治理和资本市场冲击两个角度进行研究。我们从股权分置改革相关的制度背景出发,对国内外关于限售股的研究成果进行了全面的回顾和分析,指出中国的限售股与国外的限售股有类似之处,限售股解禁以后,随着股票供给的增加,价格会永久性的下跌。中国的限售股与国外的限售股不同之处在于全流通兼具公司治理的正面效应和扩容的负面效应。在这样的理论框架下,本书从股改与公司治理、股改与市场反应、股改与限售股解禁、股改与机构投资者以及股改与控制权市场几个角度发现以下结论:

1. 主要观点:(1)股权分置改革会带来公司治理水平的整体提高,但是公司治理的不同组成部分在股改前后改善程度不同;(2)股权分置改革会带来行业调整后的企业绩效,且公司治理改善是绩效提高的重要路径;(3)预期股收入短期市场效应为正,且公司治理效应大于扩容负面效应;(4)限售股解禁市场反应为负,且透明度较高的公司限售期满后下跌较少;(5)机构投资者在股权分置改革中发挥了积极作用,同时保护了广大中小投资者的利益。

2. 创新之处:(1)本书发现,在股权分置的背景下,大股东有激励去掏空上市公司,而在全流通后,大股东的利益机制发生变化,将会降低渠道行为(Tunneling),增加企业价值;(2)全流通与国外限售股的不同之处在于全流通兼具公司治理的正面效应和扩容的负面效应,本书在国内首次建立股票供给和需求模型,分析了在扩容压力以及公司治理改善两个冲击下,流通股股东的超额收益将会如何变化;(3)研究了中国特色的限售股解禁的市场反应,并进一步研究了市场超额收益与公司特征的关系。这些,都为理解中国特色的新兴加转轨市场的公司金融有着重要的学术意义。

二、重点和难点

1. 建立符合中国国情的股权分置理论模型框架

国外在公司治理、限售期满后的扩容压力、机构投资者行为、控制权市场方面研究较为成熟。然而，中国的股权分置改革有其特殊的制度背景，如何将中国特殊的国情融入这些传统的公司财务理论，从而创建出符合中国国情的理论框架，是一个巨大的挑战，需要很深厚的理论功底。我们需要分析，在股权分置和全流通的不同制度背景下，大股东的利益机制如何变化，是否全流通后会降低渠道行为（Tunneling），增加企业价值。在股权分置改革的市场反应方面，我们需要建立股票供给和需求模型，分析在扩容压力以及公司治理改善两个冲击下，流通股股东的超额收益将会如何变化。

2. 整理出一个全面、准确的股权分置改革数据库

股权分置改革效应的研究目前总体较少，其中一个重要的原因就是股改的数据难以取得。股权分置改革效应的数据需要我们人工从上市公司的股权分置改革公告中摘取出来，这需要极大的工作量。我们下载和打印了全部的股权分置改革原始公告，并组织大量人力对原始公告中信息进行了全面的数据收集工作。我们建立了一个专业的股权分置改革数据库，以分析股改停牌前后股权结构、控制权市场、机构投资者行为等因素。而且，许多上市公司在公告后，投资者对其投反对票，上市公司再对股改方案进行修正。股改的公告以及方案修正的内容，这都是我们数据库的特色。

第二章　制度背景与股权分置改革的具体实践

本章对股权分置改革的经验进行了全面的回顾与总结。本章的研究主要在以下几个方面对现有文献有较大贡献：(1)对中国股权分置改革的进程进行全面的分析，弥补了早期对中国国有企业改革的研究主要关注国有股负面作用而不是关注非流通的缺陷；(2)对股权分置的危害进行了全面的分析，并且证明了股改后危害降低，非流通股股东和流通股股东利益趋同；(3)对中国股改的进程和指导思想进行了深入的分析。表明市场化的制度在改革进程中的重要性，这对其他国家的产权改革有着较大的借鉴意义。

第一节　股权分置的根源与改革背景

一、股权分置的根源

中国是当今世界在转型时期没有运用新古典经济学倡导的大规模私有化措施而引入股票市场的国家。现阶段上市的股份有限公司绝大部分都是从国有企业改制而成,在股份制改造过程之中,为了保持公有制性质不变,国家规定国有股和法人股不得上市流通。中国资本市场制度的原始设计希望达到双重目标,既要为国企脱困和发展募集资金,又不能失去上市公司的控制权。由此,出现了中国股市独特的双轨制,即流通股与非流通股并存,发行流通股的目的在于融资以发展社会主义市场经济,发行非流通股的目的在于维护社会主义公有制性质。股权分置这一选择性制度安排,有着深刻的历史根源,与当时的政治、经济以及意识形态密切相关。(1)公有制的主导地位。当时对公有制实现形式的理解是"生产资料归全体劳动群众所有,现阶段采取国家所有的形式",当时强调公有制的主导地位,为了避免国有股和法人股上市流通后可能落入非公有制经济主体手里,有必要限制其上市流通。(2)国有资产关注的重点。当时对国有资产关注的重点是国有企业的管理问题,基于产业结构调整的国有资产转让往往采取行政划拨的方式,还没有建立产权流转和资本运营的观念,国有股缺乏上市流通的内在需求。(3)资本市场的容量。早期的资本市场处于试点地位,市场规模较小,需求非常有限,想买股票和有钱买股票的人都很少。如果当时让占有总股本约 2/3 比例的国有股、法人股上市流通,必将造成上市流通的股票供过于求,影响资本市场的发展。

二、股权分置改革的尝试

　　政府已经认识到股权分置造成的同股不同权、同股不同利是上市公司业绩低下的根本原因,因而开始了国有股流通的尝试。

1999年9月,中国共产党第十五届中央委员会第四次全体会议提出了"有进有退"的国有企业改革原则,其中提到,从战略上调整国有经济布局和改组国有企业,"在不影响国家控股的前提下,适当减持部分国有股"。2000年12月,国有股减持试点启动。证监会选择10家上市公司进行国有股流通试点,方案是以每股净资产为底价,按照最近三年平均每股收益计算的10倍市盈率确定配售价格。但是,由于这一定价方案缺乏足够的理论依据与现实合理性,遭到市场冷落,试点也很快停止。

2001年6月,国务院发布了《减持国有股筹集社会保障资金管理暂行办法》,由此开始了国有股减持的第二次试点。该办法规定,试点公司按照股权融资额的10%出售国有股,按照发行价格减持国有股。但是,由于这一做法没有考虑市场承受能力与流通股股东的利益,违背市场规律,最后以失败告终。

"市价减持"以充实社保基金的做法对市场带来极大的伤害。同时,市场对股权分置危害的认识也更加深刻。2003年11月,中国证监会向社会公开征集解决方案,在诸多方案之中,核心的认识主要有以下几点:(1)国有股减持与全流通是一个复杂的系统工程,涉及许多深层次的问题,这一改革必须与市场的制度改革、体制创新相结合;(2)我国资本市场的股权分置是历史形成的,解决这一问题需要考虑的是历史事实,应该对受到损失的流通股股东做出适当补偿;(3)国有股流通的核心是市场定价,应当充分保障流通股股东的利益,在定价方面找到可操作的、公平合理的标准。2004年2月,国务院正式发表《关于推进资本市场改革开放和稳定发展的若干意见》,将解决股权分置问题作为推进资本市场改革开放的一项制度安排提上日程,揭开了中国资本市场历史的一页。

第二节 我国上市公司股权分置带来的问题

上市公司的国有股和法人股无法流通,其结果是维护了公有制性质不变,但同时也导致非流通股和流通股股东的利益无法一致。在成熟的资本市场上,上市公司股东利益的实现主要是通过"促使上市公司提高经营绩效—股价上涨—股东获得收益"实现的,然而中国大股东的股权无法流通导致这一良性循环的链条被人为截断。这使大股东的资产价值不仅与业绩基本无关,而且与股价的涨跌也几乎没有关系。相反,非流通股的市场却是场外协议转让,而转让的价格大多以净资产为基础,这使得许多上市公司的大股东将工作重心转移到了高溢价的股权融资以及转移利润:(1)高溢价发行股票能够带来净资产的大幅增长,非流通股股东重点关注如何包装上市公司经营业绩或通过投机性重组骗取股权再融资资格;(2)非流通股股东在外部公司治理约束失效的情况下,常常通过侵占上市公司资源(担保、关联交易或占用资金)来转移利润。股权分置的弊端主要有扭曲资本市场的定价功能、导致公司治理缺乏共同的基础等。以下主要从股权结构、股权结构的绩效后果以及股权结构弊端的具体表现三方面深入分析。

一、股权结构与大股东控制

股权结构是现代公司治理的基础,它对公司治理的运作方式以及效率都有重要影响。由于股改前国有股和法人股不能流通,所以大股东控制上市公司的现象非常严重。1997年年底,中国A股上市公司第一大股东的持股平均值在44.86%,前十大股东持股比例已超过50%,平均为61.54%。截至股改前夕的2004年年底,第一大股东平均持股比例仍处在41.72%,大股东控制的局面非常严重。从表2—1看来,股改后的第一大股东持股比例从1997年的44.86%降低到2010年的36.08%,并且随着大额非流通股限售期的解禁会逐渐降低,股权集中度的指标"前十大股东持股比例"也显著降低。与此同时,投资者结构也趋于成熟。2003年以前,机构投资者比例为0,到2010年,机构投资者比例显著提升到2010年年底的27.86%。股权结构进一步优化。

表2—1 股改前后的股权结构

年份	第一大股东持股比例(%)	前十大股东持股比例(%)	机构持股比例(%)	机构持股占流通股比例(%)
1997	44.86	61.54	0	0
1998	45.49	62.18	0	0
1999	45.64	62.87	0	0
2000	44.87	61.78	0	0
2001	44.22	61.16	0	0
2002	43.55	61.28	0	0
2003	42.51	61.14	2.14	7.42
2004	41.72	61.69	2.93	8.74
2005	40.14	60.39	3.71	10.22
2006	36.90	56.04	6.21	14.67
2007	36.63	55.66	10.57	22.29
2008	36.13	55.63	14.80	26.26
2009	36.05	55.35	26.16	34.84
2010	36.08	55.69	27.86	37.11

数据来源:Wind资讯。

二、股改前后的企业绩效

非流通股股东与流通股股东的利益冲突对上市公司的绩效产生了很大的影响。表2—2显示,由于非流通股股东对企业绩效漠不关心,导致企业绩效显著降低。在1997—2004年间,中国上市公司的总资产收益率和营业收入利润率分别从1997年的7.36%和14.54%降低到2004年的2.02%和4.29%;同时,净资产收益率也整体降低。之所以净资产收益率发生较大波动,是因为净资产收益率(ROE)是上市公司再融资的重要指标,且常常受到操纵(Chen and Yuan,2004)。但修正1%的极端值后,净资产收益率从1997年的12.26%明显降低到2004年的2.95%。这就是学术界所述的"上市公司IPO后业绩滑坡"问题。

经过2005—2006年的股权分置改革,无论是净资产收益率、总资产收益率还是营业收入利润率指标,上市公司的业绩都明显回升。2007年净资产收益率为9.94%,显著高于2004年的2.95%,且持续增长到2010年的10.20%。总资产收益率也有这样的趋势。由于上市公司的业绩波动较大,表2—2还给出了业绩的中值,我们发现业绩中值也有类似的趋势。这说明经过股权分置改革,上市公司大股东的利益函数发生了变化,大股东的股份可流通后,与小股东一样都更加关注上市公司的价值和未来发展。

表 2—2　股改前后的企业绩效

		净资产收益率(%)	总资产收益率(%)	营业收入利润率(%)
1997	均值	12.26	7.36	14.54
	中值	12.89	7.34	12.63
1998	均值	7.94	5.49	12.82
	中值	11.44	6.58	11.93
1999	均值	7.67	4.82	12.55
	中值	10.22	5.65	10.94
2000	均值	6.95	4.37	11.07
	中值	9.26	5.03	9.81
2001	均值	3.92	2.52	7.56
	中值	6.49	3.58	7.36
2002	均值	2.56	1.89	5.01
	中值	6.10	3.03	5.58
2003	均值	3.89	2.30	5.12
	中值	6.19	2.88	5.09
2004	均值	2.95	2.02	4.29
	中值	6.14	2.72	4.65
2005	均值	−0.25	0.56	1.83
	中值	4.90	2.18	3.49
2006	均值	4.70	2.30	5.05
	中值	6.60	2.84	4.30
2007	均值	9.94	4.75	10.01
	中值	9.87	4.49	6.41
2008	均值	5.67	2.84	6.10
	中值	6.93	3.04	4.88
2009	均值	6.82	3.72	8.50
	中值	8.71	3.83	6.37
2010	均值	10.20	5.41	11.10
	中值	9.95	5.08	8.37

数据来源：Wind 资讯。

注：鉴于企业业绩会出现极端值，我们采用 Winsorization 的方法对极端值进行处理，对所有小于 1% 分位数（大于 99% 分位数）的变量，令其等于 1% 分位数（99% 分位数）。

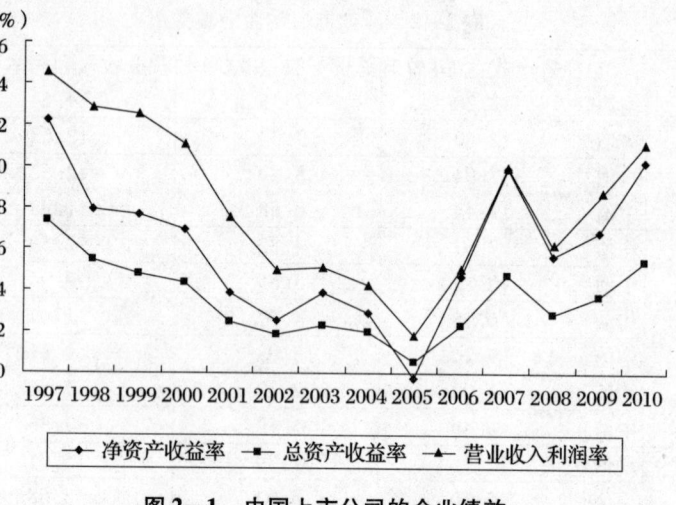

图 2—1 中国上市公司的企业绩效

三、大股东占用资金

由于非流通股一股独大,缺乏外部监督,导致中国上市公司的控制权掌握在非流通股股东手里,其可以获得大量的控制权私人收益。此外,大股东还常常通过侵占上市公司资源(担保、关联交易、占用资金)来转移利润。在利益侵占中,大股东占用资金是影响企业绩效的重要原因。表2—3显示,在披露的大股东占用资金中,大股东通过应收账款占用的资金占应收账款的比例从1997—2004年间的平均19.75%降低到2007—2010年间的平均6.77%。除了应收账款,大股东还通过"其他应收款"占用上市公司资金,与股改前的1997—2004年间相比,股改后(2007—2010年)的大股东占用其他应收款比例也明显低于股改前。除了占用资金,关联交易和担保是非流通股股东侵占上市公司资源的重要方式。政府已经意识到关联交易的危害,从 2006 年开始对集团公司实施整体上市,一方面提升上市公司盈利质量,另一方面进一步消除关联交易动机。

表 2—3　股改前后大股东占用资金(均值)　　单位:万元

年份	披露家数	占用应收账款	占应收账款比例(%)	披露家数	占用其他应收款	占其他应收款比例(%)
1997	90	3,977.94	25.04	—	—	—
1998	131	5,652.08	26.05	—	—	—
1999	160	5,664.16	24.21	—	—	—
2000	236	5,678.27	28.28	—	—	—
2001	215	4,086.60	16.40			
2002	195	3,140.09	14.53			
2003	248	2,738.90	12.68	443	4,018.35	23.22
2004	294	2,583.03	10.81	463	4,892.25	19.64
2005	272	2,296.49	9.22	383	6,530.38	20.01
2006	222	1,772.25	7.60	180	6,234.16	11.78
2007	232	4,046.62	8.44	184	6,607.04	11.96
2008	144	3,734.03	7.93	98	6,102.35	13.88
2009	224	2,858.57	5.48	133	6,268.99	12.79
2010	225	5,778.14	5.26	123	3,951.50	10.22

数据来源:Wind 资讯。

第三节　股权分置改革的指导思想与历史演进

一、股改的指导思想与基本原则

《关于推进资本市场改革开放和稳定发展的若干意见》明确指

出,在解决股权分置问题时要尊重市场规律,要有利于市场的稳定和发展,切实保护投资者特别是公众投资者的合法权益。这一指导思想与前两次的"为国企改革服务"和"减持充实社保基金"有着本质的区别,只有继续落实这一正确的指导思想与指导原则,才能够在取信于市场的过程中重新树起投资者信心,也才能够为最终顺利彻底解决这一问题提供基本保障。

对股权分置改革,证监会确定了三个试点的基本原则:(1)尊重历史与现实原则。从静态层面看,解决股权分置问题的本质在于价格并轨,将流通股竞价交易市场和非流通股协议转让市场的两个市场和两种机制合二为一,在这个过程中,流通股股东所持股票每股价格下降,非流通股股东所持股票每股价格上升,保护既得利益原则就是将非流通股股东因此获得的增量收益还给流通股股东,任何一方都不在改革中吃亏。从动态上讲,由于中国经济的高速增长以及非流通股进入流通后的流通溢价,两类股东都能够获得增量收益。(2)市场化决策原则。股权分置改革由非流通股股东自愿提出并聘请中介机构制订方案,通过股东大会实施分类表决,报有关部门进行合规性审核。市场监管者只负责制定运作程序和监管标准。这与以前的政府定价形成鲜明的对比。(3)充分遵守股东选择权原则。不管采取何种方式让股东表达意见,关键是要考虑流通股东的意见并让其参与投票,可以采用权证交易等金融创新。

二、股改的试点及其进程

股权分置改革需要有利于市场的稳定和发展,既要推动资本市场的持续稳定发展,又要妥善处理各方利益关系,不对市场稳定运行造成大的影响。因此,按照"摸着石头过河"的方针,证监会决定按照"试点先行,配套推进,逐步解决"的操作思路推进股权分置改革问题的解决。

所谓试点先行,就是在股权分置改革存在诸多不确定性因素的情况下,先不急于整体推进,而是通过制订试点方案,在少数具有代表性的公司中进行审慎试点,传达积极的政策信号,培育相对稳定的市场预期,探索市场化的价格形成机制,把握改革对市场的影响规律,以便对试点方案进行调整修订,形成解决股权分置的全面推进方案。

从股改的进程来看,股改的过程大致可以分为以下几个阶段:试点阶段、全面启动阶段、攻坚阶段和收尾阶段。[①] (1) 试点阶段(2005.4.29—2005.9.11)。截至2005年9月11日,共有46家上市公司股改试点启动,试点公司涵盖大型中央企业、地方国有企业、民营企业和中小企业等不同层次的企业,量大面广。试点工作传达了积极的政策信号,探索了市场化的对价协商机制,了解了市场对改革的反应,为全面股改铺开积累了经验。(2) 全面启动阶段(2005.9.12—2005.11.9)。在各方的协同推进下,2005年9月12日第1批全面股改的公司开始股改,2005年11月,中小板块的50家上市公司股改全部结束,股改的公司共达到277家。(3) 攻坚阶段(2005.11.10—2006.4.18)。尽管股改全面铺开进展顺利,但是也存在一些问题,如很多公司存在占用资金、亏损、担保等问题,还有一些地方政府对股改采用观望态度,非流通股股东与流通股股东在对价上协商困难等。为此,证监会指出,股改已进入关键阶

[①] 本书以2006年12月31日作为股权分置改革完成的重要时点。

段,任务艰巨。对此,各部门齐力配合,包括新股发行和再融资启动,占用资金要完成清欠,股权激励开始实施等。至此,相当多存在担保或关联交易的公司进入股改程序。截至2006年4月18日,已完成股改公司达到837家。对此,上交所发表声明称,股改已基本完成,现在进入收尾阶段。(4)收尾阶段。这一阶段主要剩下两类公司还没有完成股改。第一类是大型国有企业的股改问题,第二类是"问题"公司,主要问题是业绩差、担保资金多、关联交易复杂等。随着收尾工作的推进,截至2006年年底,共有1138家公司完成股改。

表2—4 股权分置改革进程

股改阶段	日期	股改完成公司数	备注
试点阶段	2005.4.2—2005.9.11	46	第1批试点和第2批试点
全面启动阶段	2005.9.12—2005.11.9	231	全面启动的前10批
攻坚阶段	2005.11.10—2006.4.18	560	全面启动的第11批到第29批
收尾阶段	2006.4.19—2006.12.31	301	第30批到第64批

数据来源:Wind资讯。

三、股改的方案

对价是股改的核心内容,也是根据上市公司实际情况,非流通股股东与流通股股东协商的结果。从截至2006年12月31日已经实施股改的1138家上市公司来看,对价方式主要有送股、送现金、送权证、资产重组、缩股等。较多的上市公司采用单一对价方式,也有不少上市公司采用组合对价方式。送股是股改对价中采用最多的一种方式,指的是股改中的一方(如非流通股股东)向另一方(流通股股东)赠送一定数量的股份。从股改的实施现状来看,大部分公司股改对价选择送股方式,占全部研究样本的 84.62%。此外,采用送股加派现的公司也较多,占 4.66%,采用送股加资产重组占 4.04%。但是无论采用何种方案,都是上市公司非流通股股东和流通股股东协商的结果,政府只起监督作用,这体现了"政府定原则,企业定方案"的思想方针。

表 2—5　股权分置改革对价类型

股权分置改革对价类型	样本数	比例
派现	11	0.97%
送股	963	84.62%
权证	6	0.53%
派现,权证	1	0.09%
派现,资产重组	2	0.18%
送股,回购	6	0.53%
送股,派现	53	4.66%
送股,派现,权证	1	0.09%
送股,权证	17	1.49%
送股,权证,派现	5	0.44%
送股,缩股,派现	1	0.09%
送股,注资	4	0.35%
送股,资产重组	46	4.04%
送股,资产重组,权证	1	0.09%
送股,资产重组,注资	1	0.09%
缩股	6	0.53%
缩股,回购	1	0.09%
缩股,派现	1	0.09%
资产重组	11	0.97%
资产重组,注资	1	0.09%
总计数	1138	100%

数据来源:Wind 资讯。

本章小结

我国股权分置改革的成功是在没有国际经验可以借鉴的情况下取得的,中国股改取得的经验,是中国资本市场乃至世界资本市场发展史上的宝贵财富。从股改的效应来看,股改降低了上市公司股东间的利益冲突,提高了上市公司质量。同时,恢复了投资者的信心,促进了资本市场的繁荣。

在我国股改的过程中,一个突出特点就是"政府定原则,市场定方案",表明在改革的过程中,要尊重市场的规律,才能赢得市场的普遍认可。中国在股改前,进行了大量的调研、访谈、方案征集和沟通工作。在股改的实施过程中,充分发挥市场化的协商机制,让市场解决利益冲突。同时,政府采用行政化的手段解决市场失灵问题,从股改原则、制度保障以及实施监督中保证了股改的顺利进行。

我国股改的进程采用"试点到全面推广"的具体方针,采用"摸着石头过河"的策略,这一渐近稳步的方式是管理层对改革高度负责、充分尊重市场规律的体现。实践证明,"由点到面"是有效的改革方法。在逐步改革的过程中,政府不断调整改革的力度、速度和市场可接受度,为改革的成功创造了良好的条件。

我国股权分置改革的成功对其他国家的产权改革有着重要的借鉴意义。股改虽然解决了许多资本市场的制度性问题,但是还存在问题,如多层次资本市场的建设、上市公司的关联交易和整体上市问题,机构投资者的发展问题等。总而言之,要达到证监会"保护投资者的利益,提升上市公司质量"的目标,理论界和实务界仍任重而道远。

第三章　股权分置改革与上市公司治理研究[*]

股权分置改革是中国资本市场的根本性变革,大量的研究分析都一致肯定了其正面作用,认为股权分置改革导致上市公司的公司治理机制发生根本性变革,使原非流通股股东与流通股股东从利益对立转为利益趋同。股权分置改革的实证研究发现企业绩效得到改善,市场反应为正,但尚没有股权分置改革与公司治理水平关系的实证证据。为此,本章利用公开数据,采用主成份分析法构建了包括控股股东、董事会、经理层、信息披露四个维度的公司治理指数(CGI),并研究了股权分置改革对公司治理指数的影响,为股权分置改革的正面效应提供实证证据。进一步地,我们研究股权分置改革对公司治理的不同组成部分和四个维度有何影响,研究不同类型的公司股改前后治理水平变化有何差异。我们还研究股改进度与公司治理改善的关系,比较已经完成股改的公司和尚未股改的公司在公司治理改善上的差异,以进一步控制样本的自选择问题,验证股改提升公司治理这一结论。此外,我们还进一步检验股权分置改革与具体的公司治理指标——信息

---

[*] 本章的主要部分发表在《经济研究》2010年第4期、《中国工业经济》2008年第5期。

披露的关系。

第一节 理论分析与研究假设

一、公司治理指数相关文献

公司治理评价的开端是 1950 年杰克逊·马丁德尔提出的董事会绩效分析。国外主要的公司治理评价体系有以下几个：国际标准普尔公司（Standard & Poor, S&P）于 1998 年创立的公司治理评价系统、欧洲戴米诺公司（Deminor）1999 年推出的戴米诺公司治理评价系统等。相比而言，在国外学术界影响最大和采用最广的是 Gompers、Ishii 和 Metrick（2003）的 G-Index 以及 Brown 和 Caylor（2004）的 Gov-Score。国内也有一些学者对公司治理指数的计算提出了计量指标和计量方法。其中影响较大的有李维安等（2005）的专业人员打分法，胡汝银、司徒大年（2003）的调查问卷打分法，还有白重恩等（2005）的主成份分析法（Principal Component Analysis, PCA）。

二、股权分置改革效应的相关文献

自 2005 年 5 月开始进行股改首批试点以来，许多学者对股改进行了研究。相比而言，研究股权分置改革过程中的股东博弈以及对价影响因素的文献较多（如吴超鹏等，2006；赵俊强等，2006），而对股改效应进行研究的文献则相对较少。学术界对股权分置改革效应的研究目前主要分为两类:一是股权分置改革的短期市场反应;二是股权分置改革对企业绩效的影响。在股权分置改革的市场反应方面,奉立城等(2006)、何诚颖等(2007)、胡援成等(2007)采用事件研究法,均发现股改的公司流通股股东能够获得显著为正的超额收益。在股权分置改革与企业绩效上,陈明贺(2007)、丁守海(2007)发现股权分置改革后企业的净资产收益率和每股收益以及 Tobin Q 显著增加。

三、股权分置改革与公司治理指数

总体来说,大量的研究分析都一致肯定了股权分置改革的重要推动作用,认为股权分置改革的市场超额收益为正,股改能够提高企业绩效。但是,在股权分置改革与公司治理水平上的研究略显不足,尚没有股权分置改革与公司治理水平关系的实证证据。从理论上分析,股权分置改革将导致原非流通股股东与流通股股东从利益对立转为利益趋同,大股东关心、支持上市公司,谋求长期发展,可以和公众股股东一样通过股价上涨获得更多合法的股权收益。[①] 因此本章提出以下研究假设。

研究假设:股权分置改革后,上市公司的利益机制发生根本性

[①] 在股权分置改革的过程中,上市公司的股权分置改革说明书中的第五项一般为"股权分置改革对公司治理的影响"。以北京同仁堂为例,其股说明书的第12页有:"股权分置改革将有利于公司流通股股东、非流通股股东形成统一的利益基础,有利于完善公司的治理结构,有利于公司实现市场化的制度创新、建立并完善股权激励机制,最终有利于公司的长远发展。"

变革，上市公司质量大大提高，具体表现在公司治理指数（CGI）明显提升以及单项公司治理水平的提高。

四、股权分置改革、自愿性信息披露与公司治理

自愿性信息披露的研究基本上围绕着自愿性信息披露度量、动机和影响来展开。对于自愿性信息披露的度量，大多是通过构造自愿性信息披露指数来度量，如 Meek et al. (1995), Botosan (1997), Chau 和 Gray(2002), Francis et al. (2008)。[①] 这个方法主要依据上市公司所在地的信息披露法规和上市公司年报（或季报）内容，选择一些恰当的指标，然后根据每个上市公司的具体披露情况给予赋值，最后得到公司自愿性信息披露指数。

对于自愿性信息披露的动机，可概括如下[②]：(1) 资本市场交易假说，因为公司管理者与外部投资者之间的信息不对称提高了资本成本，而通过自愿性信息披露可以有效降低信息不对称程度，从而有利于公司在资本市场上更多地融资（Myers and Majluf, 1984；Healy and Palepu, 1993, 1995；Lang and Lundholm, 1993；Healy et al.,

---

[①] 也有文献依赖于一些部分发布的信息透明度指数来研究，如利用美国投资管理研究联合会对上市公司信息披露质量的评级（Lang and Lundholm, 1993; Segupta, 1998; Healy et al., 1999）。中国的研究有的也采纳深圳交易所的对深市上市公司的信息披露评价，如曾颖和陆正飞（2006）、董锋和韩立岩（2006）、王斌和梁欣欣（2008），但是这些部分公布的指数都是对上市公司整体信息披露质量的衡量，并不仅是自愿性信息披露。也有少数研究用其他方法来度量自愿性信息披露的质量，如汪炜和蒋高峰（2004）以上市公司临时公告与季报数量作为衡量公司自愿性信息披露水平的指数。不过，纵观已有的文献，依据上市公司所在地的信息披露法规构造自愿性信息披露指数的方法还是占据了主流。

[②] 详细的说明，可以见 Healy 和 palepu(2001)

1999);(2)控制权竞争假说,这个假说认为管理者会因为公司较差的市场业绩而被解雇,为了避免公司价值被市场低估,管理者有动机向市场提供更多关于公司的信息(Brennan,1999);(3)股票补偿计划假说,这个假说认为管理者的薪酬计划较多地依赖于公司在股票市场的表现,使得管理者有激励向市场提供更多的信息,以最大化自身的薪酬回报(Noe,1999;Aboody and Kaszbujm 2000;Miller and Piltroski,2000);(4)法律成本假说,这个假说认为法律成本的存在一方面避免管理者不充分的披露,提高公司透明度,但另一方面却又制约了管理者对公司未来预测信息的披露,法律成本这两方面的作用都被经验研究所证实(Skinner,1994,1997;Miller and Piotroski,2000);(5)管理者才能信号假说,Trueman(1986)认为有才能的管理者有激励通过自愿性信息披露向市场揭示其能力;(6)专有化成本假说(Proprietary Cost Hypothesis),认为公司的信息披露可能会削弱公司的竞争力,导致对信息披露内容的选择(Verrecchia,1983,2001;Dye,2001)。

已有的经验研究表明,公司自愿性信息披露受到公司规模、债务杠杆、业绩和公司治理等多种变量的影响。从公司规模来看,市场参与者对规模较大公司的信息更感兴趣,而且规模较大公司会承担更大的诉讼成本,这样公司规模越大自愿性信息披露程度会越高(Skinner,1992;Lang and Lundholm,1993);从公司债务杠杆来看,公司负债水平越高,其代理问题越严重,代理成本越高,从而会更倾向自愿性信息披露(Malone et al.,1993;Barako et al.,2006);从公司固定资产来看,公司固定资产越多,表明该公司所在行业的进入壁垒越高,信息披露的专有化成本会越低,公司越倾向于自愿性信息披露(Haniffa and Cooke,2002);从公司业绩来看,那些业绩好的公司更有动机向市场提供更多的信号,也更倾向于自愿性信息披露(Singhvi and Desai,1971);从公司所有权结构来看,公司所有权越分散,股东对管理者监管会越弱,从而降低自愿性信息披露(Hosseni et al,1994;Haniffa and Cooke,2002);从独立董事比例来看,独立董事的比例越高应该越有利于公司更充分地披露信息(Jaggi and Yee,2000);从董事长和总经理两职合一来看,两职合一会削弱董事会的监督功能,公司倾向于隐瞒对自身不利的信息(Forker,1992);从审计情况来看,高质量的审计机构会有利于公司的自愿性信息披露(Xiao et al.,2004)。

从自愿性信息披露对资本市场影响来看,主要包括三个方面:第一,会带来公司流动性的提高(Healy et al.,1999;Welker,1995);第二,资本成本的降低(Botosan,1997;2000);第三,更多市场分析师对公司的追踪分析(Lang and Lundholm,1993;Francis et al.,1998)。

自2005年开始的新一轮的股权分置改革不仅改变了中国资本市场制度基础,而且带来了一系列值得研究的命题。不过,之前大部分研究都集中在股权分置改革的本身,特别是对股改对价的研究,如吴超鹏等(2006)、沈艺峰等(2006)、赵俊强等(2006)、许年行和吴世农(2007)、郑志刚等(2007)、辛宇和徐莉萍(2007)、屈文洲等(2008)。后续的研究开始关注股改对公司和资本市场的具体影响,如杨丹等(2008)认为股权分置完成之后,在实证研究和数据库建设中需要对数据加以修正;杨善林等(2006)的研究表明股权分置改革完成后股票价格和价值之间相关性有显著提高,股权分置改革在改善股票市场定价机制方面实现了管理层预期的效果。廖理和张学勇(2008)研究发现股改之后大部分家族对上市公司终极控制权下降,而且股改之后家族终极控制者掏空上市公司的程度也显著下降,表明股改确实有效地纠正了上市公司终极控制者的利益取向;廖理等(2008)的研究发现股权分置改革能够显著提高上市公司治理水平,对控股股东的影响最为显著,且终极产权为国有或股权集中的公司,改善公司治理的动机更强,公司治理水平得到更大改善;党红(2008)认为股改有效矫正了现金股利与增长机会之间的关系,股改之后当存在增长机会的时候,上市公司会减少发放现金股利,但是上市公司现金股利在全流通之后并没有成为降低控股股东与中小股东代理成本的工具。

与之前文献不同的是,本章选择了上市公司透明度这样一个非常具体的维度,借助已被广为使用的自愿性信息披露指标来判断股权分置改革对公司治理的影响。为了从实证分析上寻找这个问题的答案,我们采纳常被用作政策效果检验的双重差分模型(Difference-in-Difference Model)。① 在双重差分模型中,需要构造试验组(Treatment Group)和控制组(Control Group),比较一个试验公司在股改前后与控制公司的双重差异,以此排除不可见因素的干扰,而我国股权分置改革的分步推进,为我们构造这样的对比样本提供了可能。具体而言,我们选择在2005年内完成股改的企业为试验组,而选择在2006年12月31日前还没有启动股改的上市公司为控制组,分别对比这两组上市公司在2004年和2006年两年的自愿性信息披露差异状况的变化。我们提出以下假设:

研究假设:股权分置改革后,上市公司的自愿性信息披露水平

---

① 双重差分模型常用来计量检验经济政策的实施效果,在西方文献中广为采用(Albalate,2008;Maki,2001;Banerjee,2002),近年来也常被用于分析中国经济政策,如周黎安和陈烨(2005)对农村税费改革的研究、史宇鹏和周黎安(2007)对中国地区放权效率的研究。

得到显著提高。

第二节 股权分置改革与上市公司治理水平

一、研究样本的选择

我们的研究需要两组样本:全样本用来构建本章的公司治理指标体系,股改样本用来检验股权分置改革对公司治理的影响。股改样本选取全样本中在2006年年底完成股改的公司,以股权分置改革最后一次股东大会公告日为上市公司股权分置改革完成的标志日期。本章的财务数据以及上市公司资料均来自万得资讯(Wind)和清华金融数据库(THFD)。为了保证样本的有效性,尽量剔除异常数据对实证研究的影响,对于全样本,我们选取截至2006年年底上市时间在三年及以上的样本为原始样本,按照以下标准筛选:(1)剔除金融行业上市公司,因为金融行业公司本身资本结构和财务报表较特殊;剔除公用事业类上市公司,因为公用事业公司受到政府管制。(2)剔除处于*ST、ST或者PT状态的T类上市公司。因为T类上市公司的重组、整合十分常见,正常生产经营不能持续,这些公司的会计指标并不具有可靠性和相关性。按照上述样本选择顺序,本章最终得到1014个有效样本以计算公司治理指数。在1014个样本中,2005年完成股改的公司数为520个,2006年完成股改的公司为449个,2006年尚未股改的公司数为45个。样本选取过程见表3—1。

表 3—1　样本选择

样本选取标准	数量(个)	比例
截至 2006 年年底上市时间在三年及以上的样本	1259	100.00%
减去:金融行业上市公司、公用事业公司	-68	-5.40%
减去:ST、PT 上市公司	-177	-14.06%
可供计算公司治理指数的全样本	1014	80.54%
其中:2005 年完成股权分置改革	520	41.30%
2006 年完成股权分置改革	449	35.66%
2006 年尚未完成股改	45	3.57%

二、公司治理指标体系

本章构建的公司治理指标主要借鉴了 Gompers、Ishii 和 Metrick(2003)的 G-Index、Brown 和 Caylor(2004)的 Gov-Score 以及李维安等(2005)、胡汝银和司徒大年(2003)、白重恩等(2005)的指标体系以及以往的研究成果。我们的公司治理指数分为四类指标,即控股股东及其行为、董事会及其治理、经理层治理以及信息披露透明度这四个方面。本章的指数具有以下三个重要的特征:(1)重要性。大量的研究发现,中国上市公司的治理结构存在着两种主要的模式,即内部人控制和大股东控制。对于内部人控制和大股东控制,有着两类不同的解决机制,内部治理机制(董事会、经理层、控股股东行为、信息披露)以及外部治理机制(外部并购市场、法律体系、市场竞争等)。由于中国的上市公司大多面临相同的外部环境,而本章的指数需要对每个公司进行评级,故暂不考虑公司的外部环境和宏观环境,而侧重于内部治理机制的四大指标。(2)可计量。对治理指数的构建,许多指标很难明确计量,往往采用问卷调查或专业人员打分的形式,这些大量的难以明确计量的指标往往会削弱综合治理指数的可靠性,因此本章设计的指标都偏重于能够明确计量的指标。(3)可验证。对于治理指数,本章的指标都是从公开的数据库中得到的,这就使得治理指数的计算可复制,可验证,这进一步增加了数据的可靠性。本章采用的公司治理指标体系如表3—2所示。

表3—2 公司治理指标体系

公司治理指标	变量名称	变量含义
控股股东行为与股东权益	控股股东担保	上市公司为控股股东担保时为1,否则指标取值为0
	控股股东占用资金	(其他应收款—其他应付款)/总资产
	股东大会次数	年度股东大会次数
	股东大会出席率	在股东大会出席或参与表决股份数占总股本的比例
	股权集中度	第一大股东持股比例
	股权制衡度	第二到第五股东持股比例之和除以第一大股东持股比例
	关联交易	关联交易总额除以总资产
董事与董事会治理	董事会规模	董事会的人数
	董事会会议次数	年度召开的董事会会议次数
	专业委员会个数	包括审计委员会、薪酬与考核委员会、战略委员会、提名委员会
	独立董事比例	独立董事占总董事会人数的比例
	两职兼任	董事长和总经理两职兼任时为1,否则为0
	董事持股比例	董事持股占公司总股份的比例
经理层治理	高管报酬	前三大高管报酬总额
	经理层持股比例	经理层持股占公司总股份的比例
信息披露	年报审计意见	标准无保留意见取值1,否则为0

三、主成份分析法与公司治理指数(CGI)

我们采用统计上常用的主成份分析法(Principal Component Analysis, PCA),寻找上述16个变量的线性组合来最大化描述公司治理的变化情况。主成份分析是一种通过降维技术把多个变量化为少数一个或几个主成份的统计分析方法。最常用的方法就是采用第一大主成份来代替。参照白重恩等(2005)与靳庆鲁等(2006)的指标构建方法,我们将主成份分析法中得出的第一大主成份定义为公司治理指数,记为CGI。第一大主成份中,16个变量的载荷系数(Factor Loading)见表3—3,系数的符号大部分与理论预测符号相吻合。

表3—3 主成份分析法的载荷系数

变量	系数	变量	系数
担保	−0.071	董事会次数	0.022
占用资金	−0.095	专业委员会个数	0.036
高管报酬	0.323	股东大会次数	0.102
股权集中	−0.581	两职设置	0.107
股权制衡	0.614	董事会规模	0.022
审计意见	−0.061	独董比例	0.064
关联交易	−0.063	董事持股比例	0.858
股东大会出席率	0.1712	高管持股比例	0.856

本章从四个不同途径,研究股改对公司治理指数CGI的影响。第一步是单变量检验,研究股改对公司治理整体的影响;第二步是研究股权分置改革对公司治理的不同组成部分和四个维度有何影响;第三步是研究不同类型的公司其股改前后治理水平变化有何差异;最后研究股改进度与公司治理改善的关系。

四、股改对公司治理整体的影响

本章首先研究股改对公司治理整体(CGI)的影响,这里的CGI采用全部的16个指标的第一大主成份衡量。从表3—4可以看出,相比2005年,全部的1014家公司其公司治理水平都有一定的提升。在2005年已经完成股改的520家公司,其2005年的公司治理水平均值为0.026,2006年为0.168,公司治理水平提高了0.142,且显著为正。相比而言,2006年完成股改的449家公司其公司治理指数增加量也为正,但显著性不高。这表明,已完成股改的公司相比全样本而言公司治理水平有着更大的改善。而2006年尚未股改的公司其公司治理水平则没有明显变化。对中值的Wilcox秩和检验得出了类似的结论。

表3—4 股改前后公司治理变化(CGI)的单变量检验

	样本数量	2005CGI 均值	2005CGI 中间值	2006CGI 均值	2006CGI 中间值	t值	Wilcox检验
股改超过一年	520	0.026	−0.083	0.168	−0.114	3.096***	6.613***
当年完成股改	449	0.018	−0.018	0.125	0.105	1.862*	3.038***
尚未股改	45	0.018	−0.063	0.021	−0.051	0.163	0.069

注:***表示检验在1%的水平上显著,*表示检验在10%的水平上显著。

五、股权分置改革对公司治理不同组成部分的影响

本章研究发现股权分置改革能提高上市公司的整体治理水平。但并不是公司治理的16个指标都会得到改善,以下进一步分析股权分置改革对公司治理不同组成部分的影响。这里我们的研

究样本是已经在2005年完成股改的520家上市公司,这样我们可以比较其在2004年、2005年和2006年公司治理不同组成部分的变化。实证结果如表3—5所示。我们发现,股权分置改革对公司治理的第一个维度即控股股东行为影响最大,改善最为明显。在股权分置状态下,掌握公司控制权的大股东往往为了谋取自身利益,转移上市公司的资源,而损害了中小股东的利益,这就是"隧道效应"(Tunneling)。担保这一指标分析上市公司是否为解决大股东的债务融资问题、以上市公司的名义为其贷款提供担保。为控股股东担保这一指标在2004年均值为0.053,2006年降低为0.043,降低了0.01,且在90%的置信区间显著。控股股东占用资金这一指标分析上市公司大股东是否通过占用上市公司货币资金、拖欠上市公司大量应收款等手段侵占上市公司的资产。控股股东占用资金度量,参照李增泉等(2004)的做法,采用"(其他应收款—其他应付款)/总资产"来计量大股东侵占上市公司资金的程度。本章发现占用资金现象也明显降低,2004年均值为0.007,2006年降低为-0.006,且在99%的置信区间显著。占用资金和担保都是关联交易的形式之一。此外,关联交易还有关联购销、费用分担、关联租赁、共同投资等其他行为,为了反映上市公司的整体关联交易状况,本章还增加了关联交易总量这个指标。关联交易总额也有一定程度的降低,但并不显著,可能的原因是这一综合指标包含过多的噪音。股东大会的次数和股东大会的出席率也显著增加,表明大股东和中小股东积极参与上市公司治理。同时,随着大股东的送股,股权集中度也显著降低。相比而言,股权分置改革对董事与董事会治理的影响并不明显,董事会的规模、专业委员会的个数、独立董事的比例以及董事持股比例等指标的变化均不太显著。只有董事会会议的次数显著增加,一般认为,董事会的会议频率代表董事会的活跃性和积极性。董事会会议的次数从2004年的平均7.217次增加到2006年的8.006次,会议次数增量显著为正。也许真正发生变化的是董事会的作用机制而并不是董事会的结构。同时我们发现股权分置改革对经理层治理影响并不明显,这一方面源于中国国有企业的薪酬管制,另一方面源于中国的股权激励尚未大量推广,且经理人市场尚未形成,经理层治理的效应总体上还不高,治理的激励约束机制还有待改善。由于数据限制,对于信息披露指标本章选用的是审计意见,这一指标衡量了公司财务信息的透明度。本章发现审计意见并没有得到明显改善,未来信息披露指标将尽量采用信息披露的及时性、信息披露的合法性、信息披露的完整性等综合指标。

表3—5 股权分置改革对公司治理不同组成部分的影响

公司治理指标	变量名称	2004 t−1	2005 t	2006 t+1	2006—2004 (t+1)−(t−1)	t值	Sig.
控股股东行为与股东权益	为控股股东担保*	0.053	0.045	0.043	−0.01	−1.661	0.100
	控股股东占用资金**	0.007	0.001	−0.006	−0.013	−2.451	0.010
	关联交易	0.384	0.251	0.309	−0.075	−0.404	0.693
	股东大会次数**	1.983	2.279	2.823	0.84	12.387	0.004
	股东大会出席率**	0.515	0.599	0.602	0.087	10.662	0.000
	股权集中度**	46.090	37.963	37.793	−8.297	−8.511	0.000
	股权制衡度	0.484	0.146	0.461	−0.023	−0.663	0.511

续表

	变量名称	2004 t−1	2005 t	2006 t+1	2006—2004 (t+1)−(t−1)	t 检验	Sig.
董事与董事会治理	董事会规模	9.798	9.710	9.594	−0.204	−1.554	0.127
	董事会会议次数**	7.217	7.556	8.006	0.789	3.974	0.001
	专业委员会个数	1.608	1.748	1.762	0.154	1.525	0.131
	独立董事比例	0.341	0.343	0.345	0.004	0.894	0.372
	两职兼任**	0.106	0.096	0.054	−0.052	−3.102	0.005
	董事持股比例	1.055	1.056	1.081	0.026	0.763	0.451
经理层治理	高管报酬	0.038	0.040	0.042	0.004	0.716	0.406
	经理层持股比例	1.156	1.268	1.302	0.146	0.796	0.432
公司治理指标	变量名称	2004 t−1	2005 t	2006 t+1	2006—2004 (t+1)−(t−1)	t 检验	Sig.
信息披露	年报审计意见	0.965	0.975	0.973	0.008	0.725	0.471

注：**表示检验在1%的水平上显著，*表示检验在10%的水平上显著。

本章发现股权分置改革对公司治理的第一个维度即控股股东行为影响最大。为了进一步分析股权分置改革对公司治理的四个维度的不同影响，我们借鉴靳庆鲁等(2006)的方法，对各个维度进行了单独的计量，采用 CGI1 计量控股股东行为与股东权益，CGI2 计量董事与董事会治理，CGI3 计量经理层治理，CGI4 计量信息披露。这里的 CGI1 也是采用主成份分析法，但是其计量主成份的范围是控股股东行为与股东权益的七个指标，即采用 CGI1 代表股东权益的七个指标的第一大主成份。实证结果如表 3—6 所示，在

CGI1 主成份中,CGI1 越大代表公司治理越好。我们发现 CGI1 从 2004 年的 0.294 增加到 2006 年的 0.498,增加了 0.204,且在 99% 的置信区间内显著。对公司治理的其他三个维度的研究发现,其他三个维度尽管有一定的变化,但并不显著。

表 3—6　股权分置改革对公司治理四个维度的影响

公司治理 四个维度	变量	2004 t-1	2005 t	2006 t+1	2006—2004 (t+1)-(t-1)	t 值	Sig.
控股股东行为 与股东权益	CGI1*	0.294	0.315	0.498	0.204	9.131	0.000
董事与 董事会治理	CGI2	0.020	0.023	0.034	0.014	0.860	0.390
经理层治理	CGI3	0.379	0.083	0.462	0.083	0.938	0.420
信息披露	CGI4	0.965	0.975	0.973	0.008	0.718	0.473

注:*表示检验在 10% 的水平上显著。

六、差分回归方程检验

$$\Delta CGI = \beta_0 + \beta_1 SH + \beta_2 \text{实际控制人} + \beta_3 \text{集中分散} + \beta_4 Industry + \varepsilon$$

在上述的单变量检验中,本章发现股改对公司治理整体的影响显著为正。但是单变量检验只能提供直观上的公司治理变化,并不能控制其他影响公司治理水平的因素,以下进一步采用回归分析考察公司治理水平变化的影响因素以及分析不同类型的公司其股改前后治理水平变化有何差异。上述回归方程主要参考 Qian Sun 和 Wilson H. S. Tong(2003)的模型。如果控制其他因素后,截距项仍然显著为正,则表明股权分置改革显著提升了上市公司的整体治理水平。差分方程模型的样本是在 2006 年年底已经完成股权分置改革的 969 家公司。回归方程中的 ΔCGI 是样本公司股改前后公司治理指数之差,对于 2006 年完成股改的公司,ΔCGI 为 2006 年的 CGI 减去 2005 年的 CGI,对于 2005 年完成股改的公司,ΔCGI 则为 2005 年的 CGI 减去 2004 年的 CGI。SH 是企业上市地的虚拟变量,当企业在上海证券交易所上市时为 1,否则为 0。对公司治理变化的差分方程,本章主要控制了企业性质和股权结构这两个变量,我们预期股改前的国有企业以及股权集中的企业公司治理较差,股改后公司治理的改善也较大。许小年(1997)以及 Qian Sun 和 Wilson H. S. Tong(2003)的研究发现,国有股比例越高的公司,绩效越差,法人股比例越高的公司,绩效越好。集中的股权结构下,大股东常常占用上市公司资金,掏空上市公司(李增泉,2004)。股改后,原国有股和法人股可以上市流通,股票的二级市场价格成为两者共同的价值判断标准。大股东凭借控股股东地位占用上市公司资金或掏空上市公司的现象会有所降低,其损害上市公司利益的行为将受到自我约束。大股东关心、支持上市公司,提高公司质量,谋求长期发展,可以和公众股股东一样通过股价上涨获得更多合法的股权收益。因此,我们预期最终控制人为国有和股权集中的公司,公司治理水平会得到更大的改善。企业性质的判断根据公布的实际控制人类型,当企业最终控制人为国有时实际控制人变量为 1,其他为 0。对股权集中分散这个变量,当期初第一大股东持股比例大于样本中值时为 1,否则为 0。此外,本章还在差分回归方程中加入了行业控制变量控制行业的影响。

实证研究结果如表 3—7 所示。本章发现在控制其他因素后,截距项在 99% 的置信区间内显著为正,表示股改样本的公司治理水平在股改之后有了显著提高,印证了我们的预测结果。另外,本章采用了终极产权中的最终控制人类型来控制企业类型的影响,我们发现国有企业的公司治理水平增量显著为正(5%的水平上),这一实证结果也和理论推断相符。此外,集中的股权对公司治理的提高有正向作用,表明股权分置改革导致上市公司的公司治理机制发生变化,非流通股大股东与流通股股东从利益对立转为利益趋同,上市公司的公司治理水平也大大增加(在99%的置信区间内)。

表3—7 股权分置改革与公司治理指数的差分回归方程

	β	t值	Sig.
常数项	0.332***	4.306	0.000
SH	−0.031	−1.315	0.189
实际控制人	0.066**	2.441	0.015
集中分散	0.343***	13.609	0.000
Industry		控制	
N		969	
Adj. R^2		19.1%	
F		17.363***	

注:***表示检验在1%的水平上显著,**表示检验在5%的水平上显著。

七、股改进度与公司治理水平

上述分析的是已经完成股权分置改革的公司,采用了差分方程研究了股权分置改革是否改善上市公司治理。但是,上述分析还受到股改进度的样本选择偏差影响。有可能2004—2006年间中国上市公司治理水平的变化是其他宏观因素带来的,导致其截距项显著为正。所以我们需要进一步比较已经实施股权分置改革与尚未实施股权分置改革的公司其公司治理水平改善的差异。因此本章进一步控制样本的自选择问题,比较在2006年已经完成股改一年的公司、2006年刚刚完成股改的公司以及尚未股改的公司在2006年公司治理水平的变化。这里的差分方程与前面的方程类似,但是因变量 ΔCGI 采用的是2006年的 CGI 减去2005年的 CGI,样本是全部的1014家公司。为了进行两两比较,本章还在自变量中分别加入了两个虚拟变量,Year2 代表2006年已经实施股改一年,Year1 代表2006实施股改不到一年。如果我们的研究发现,在控制其他因素后,股权分置改革能够显著提高公司治理水平,但是已经实施股权分置改革的公司其公司治理水平提高更多,这就可以证明,公司治理的改善并不是其他宏观因素造成的,而根本上由股权分置改革造成。

表3—8是方程的回归结果。对于未股改的公司,由于证监会要求全部公司都必须完成股权分置改革,所以这一类公司也有着股权分置改革的预期,上市公司的公司治理机制也在发生变化,只是由于他们还没有完成股权分置改革,所以我们预期其公司治理指数也会增加,但是增加的幅度会小于已经实施股权分置改革的公司。表3—8的A栏实证结果表明,相比刚刚实施股权分置改革不到一年的公司,已经在2005年实施股权分置改革的公司其公司治理水平得到更大的改善,Year2 的系数为正,且在99%的置信区间内通过显著性检验。在控制其他因素影响后,这一结果与前面的单变量检验一致。表3—8的B栏是2006年刚刚实施股改不到一年的样本和尚未实施股改样本的比较。实证研究发现,在控制其他因素后,实施股改不到一年的样本比尚未实施股改的样本其公司治理指数得到更大的提升,Year1 的系数为0.166,且在99%的置信区间内通过显著性检验。这就表明,在控制样本的自选择偏

差后,我们发现股权分置改革才是导致公司治理改善的根本原因。

表3—8 股改进度与公司治理指数的差分回归方程

	A 2006年已经实施股改一年样本和刚刚实施股改不到一年样本			B 2006刚刚实施股改不到一年样本和尚未实施股改样本		
	β	t值	Sig.	β	t值	Sig.
常数项	0.279***	3.030	0.003	0.190	1.857*	0.064
SH	−0.058**	−2.047	0.041	−0.052	−1.434	0.152
实际控制人	0.117***	3.665	0.000	0.065	1.595	0.111
股权集中	0.005**	1.861	0.072	0.255	6.787***	0.000
Year2	0.089***	3.276	0.001			
Year1				0.166	2.725***	0.007
Industry	控制			控制		
N	969			494		
Adj. R^2	3.7%			10.9%		
F	2.424***			5.032***		

注:***表示检验在1%的水平上显著,**表示检验在5%的水平上显著,*表示检验在10%的水平上显著。

第三节 股权分置改革、自愿性信息披露与公司治理

作为我国资本市场建设的一项基础性制度改革,股权分置改革就是要通过解决股价分置来实现股东利益一致,进而改善公司治理,实现资本市场健康发展。这里借助上市公司自愿性信息披露指数,研究股权分置改革是否有助于提升上市公司透明度,并进一步从公司治理角度来研究股改对于公司透明度影响的内在机理。

上市公司的信息披露关系到资本市场的有效性,可划分为自

愿性信息披露（Voluntary Disclosure of Information）和强制性信息披露（Mandatory Disclosure of Information）。自愿性信息披露是由上市公司管理层自由决定的对公司信息使用者的选择性信息提供，是公司管理层与公司其他利益相关者之间博弈所产生的内生决策，因而备受研究者关注（Diamond，1985；Gibbins et al.，1990；Darrough，1993；Meek et al. 1995）。总体而言，公司自愿性信息披露的动机主要是为了降低公司管理者、股东或其他利益相关者之间委托代理问题（Agency Problem），或者是向市场提供更多的信号从而获得更有利的资金供给（Information Problem），这两者都有利于提高资本市场的配置效率（Healy and Palepu，2001）。

那么，中国资本市场的信息披露质量究竟如何？大量的研究发现我国上市公司管理者为了保证融资优势、扩大规模、避免摘牌以及获取控制权私利，操纵信息披露的做法是切实存在的，由此导致中国上市公司信息披露质量低下（陈小悦等，2000；平新乔等，2003；陈晓等，2003；杨之曙等，2004；陈工孟等，2005；王亚平等，2005）。而与此同时，中国证监会为了规范中国上市公司的信息披露内容，从1993年开始便出台了一系列的文件规章（见附录A），上市公司的信息披露质量总体来说得到逐步规范（董峰等，2006），自愿性信息披露也逐渐被采纳，不过自愿性信息披露水平总体来说还偏低，内容更多地集中于盈利预测和监事会报告（Liu and Zhang，1996）；马忠等（2007）发现中国上市公司终极控制人为了获取私人利益而倾向于抑制对外自愿性信息披露；崔学刚（2004）的研究发现中国上市公司自愿性信息披露低下导致公司透明度很低，并发现公司治理对自愿性信息披露有显著的影响；Wang et al. (2008)和Lan et al. (2008)均没有发现中国上市公司自愿性信息披露能有效地降低其融资成本,从侧面反映了中国上市公司自愿性信息披露水平低下,不足以对资本市场产生有效作用。①

与英、美等国广泛持有型上市公司不同的是,我国大部分上市公司被某个终极控制股东所控制,在股权分置时代,股权分置产生的股价分置导致持有非流通股的控制性股东与广大流通股东利益取向发生偏离,公司治理缺乏共同的利益基础,控制性股东为了获取个人私利而不惜采取各种手段来掏空上市公司(Chen et al.,2006;李增泉,2004,2005;何丹和朱建军,2006;王鹏和周黎安,2006;武立东,2007;廖理和张学勇,2008),并倾向于操纵信息披露来降低公司的透明度(汪化成和陈晋平,2002;马忠,2007;李丹蒙,2008)。股权分置改革,就是要通过解决股价分置来纠正控制性股东的利益取向,进而改善公司治理,保护中小股东的利益。

良好的公司治理包括多个层面和表现形式,其中就包括公司透明度。治理好的公司必然会向市场上中小股东提供更多的公司信息,降低信息不对称程度和委托—代理成本。那么,股权分置改革能提高公司透明度吗?本章借助于股权分置改革前后上市公司自愿性信息披露行为的研究对这个问题给予解答。

一、样本选择与研究设计

新一轮的股权分置改革开始于 2005 年 4 月,三一重工、清华同

---

① 在已有的对西方发达国家的研究文献中,几乎一致认为自愿性信息披露有助于解决公司管理层与其他利益相关者的委托代理问题,最突出的表现是可以有效降低公司融资成本(Meek and Gray,1989;Botosan,1997;Sengupta,1998;Botosan,2000;Francis et al.,2005)。

方、紫江企业和金牛能源成为第一批股改试点公司,2005年6月19日证监会公布了第二批试点的42家上市公司名单,2005年8月23日五部委联合颁布《关于上市公司股权分置改革的指导意见》,股权分置改革全面推开,至2005年12月31日,已完成股改的上市公司有224家,我们将其作为试验组。跟踪股改的进程,至2006年12月31日,还有155家上市公司没有股改,剔除72家ST公司之后,还剩下83家作为控制组。

对于试验组和控制组,我们都分别观察其在2004年和2006年的自愿性信息披露水平。在2004年,试验组和控制组都没有实施股改,而在2006年,试验组已实施股改,控制组依然还没有实施股改。这样不仅考察了纵向时间维度(股改前后)的差异,而且控制了横向公司层面(是否属于股改公司)特征的影响。通过上海和深圳证券交易所网站我们能成功下载绝大部分样本公司的2004年和2006年的年报,剔除无法成功下载年报的样本和2004年之后才上市的样本,最后我们得到试验组的样本数为194,控制组样本数为61。

自愿性信息透明度指数构造过程如下:(1)参考已有的研究,包括Chow和Wong-Boren(1987)、Cooke和Wallace(1989)、Ferguson et al.(2002)、Gray et al.(1995)、Botosan(1997)、Xiao et al.(2004)及Wang et al.(2008),我们编制了一个含有136项内容的表单;(2)根据《上市公司信息披露管理办法》和上市公司年报具体披露情况,发现在之前136项内容中,有14项是强制性披露的,予以删去。最后我们得到含有122项内容的表单(具体见于附录B),将样本中每个上市公司2004年和2006年年报分别予以对照,并逐项打分。一般情况下,披露一项即赋值1分,不披露则赋值为0。不过,由于预测部分对投资者非常重要,且预测的口径变化较大,因此,如果预测是具体的数值,我们赋值2分,如果预测值是个区间,那赋值1分,没有预测的赋值为0。最后将每个上市公司在每一年的赋值加总得到其自愿性信息披露指数。表3—9是对自愿性信息披露指数的描述性统计,试验组在2006年的平均得分(42.68)要明显高于2004年(33.40),在2004年试验组最小值是6分,而到了2006年最小值为25分;从控制组来看,2004年和2006年的自愿性信息披露指数并没有明显变化。

表3—9 自愿性信息披露质量

		样本数	均值	标准差	最小值	最大值	t值
试验组 Score	2004	194	33.4021	14.2847	6	56	-7.96*
	2006	194	42.6804	7.7044	25	63	
控制组 Score	2004	61	38.4016	4.8527	30	52	-1.47
	2006	61	40.0656	7.3753	25	57	

注:*表示在1%水平上显著。

在具体实证检验股改对自愿性信息披露影响时候,借鉴已有的文献我们还对其他变量给予控制。包括上市公司所属的交易所(*Exchange*,虚拟变量),在深市交易赋值为0,在沪市交易赋值为1,因为除了证监会统一监管之外,沪、深两地的交易所也是负责对上市公司信息披露监管的主体,不同的交易所甚至会出台有针对性的文件[①],对上市公司信息披露产生影响;上市公司的规模(*Size*),用上市公司固定资产额的对数来衡量,一方面是用来控制公司的规模变量,另一方面也可以控制上市公司所在行业进入壁垒的高

---

① 如深交所就出台了《深圳证券交易所上市公司信息披露工作指引》。

低;上市公司资产报酬率(Roa);上市公司资产负债率(Debt);上市公司董事会两职合一情况(Dir_CEO,虚拟变量),当两职合一赋值为1,否则赋值为0;股权集中度(Share),用前十大股东持股比例平方和来度量;董事会中独立董事比例(Outdirector);上市公司终极控制者对公司控制权(Control),等于控制链条上持股最小环节的比例;上市公司终极控制权偏离现金流权的程度(Controlcash),等于终极控制者控制权除以现金流权,其值大于或者等于1;上市公司是否被国际四大或其加盟会计师事务所审计(Audit,虚拟变量),如果年报被四大之一审计,取值为1,否则取值为0;另外我们还考虑按照中国证监会行业颁布的《中国上市公司行业分类指引》控制公司所在行业对自愿性信息披露的影响。除了自愿性信息披露指数为我们手动计算,其他变量的数据均来自于清华大学金融数据库(THFD)和国泰安 CSMAR 数据库。

具体的计量方程设置如下:

$$Score_{it} = \beta_0 + \beta_1 Ye06_{it} + \beta_2 Ye06_{it} \cdot Reform_{it} + \beta_3 Reform_{it} + \beta_4 X_{it} + \varepsilon_{it}$$

上式中 Score 表示上市公司在 2004 年或者 2006 年自愿性信息披露指数;Ye06 是年度虚拟变量,2006 年取值为 1,2004 年取值为 0;Reform 是股改虚拟变量,当属于试验组取值为 1,属于控制组取值为 0;Ye06·Reform 是年度虚拟变量与股改虚拟变量的交互项;X 表示其他控制变量,系数 β_2 就是股改对上市公司自愿性信息披露的影响,β_0 表示 2004 年没有股改的上市公司自愿性信息披露的平均得分;β_1 表示所有上市公司在 2004 年到 2006 年间自愿性信息披露水平的变化;β_3 表示股改组与控制组在自愿性信息披露上的差异;ε 表示残差。

有研究显示,我国绝大部分上市公司都被政府或家族所终极控制,而且这两种类型上市公司的公司治理基础存在较大差异(刘芍佳等,2003)。我们根据国泰安 CSMAR 数据库提供的上市公司终极控制者身份(绝大部分是政府或家族)对上市公司加以分类,并选择政府和家族终极控制的上市公司分别加以检验。① 表 3—10 是除去行业之外所有变量的描述性统计,除了所有样本之外,我们对政府和家族控制的子样本也给予了描述性统计。

表 3—10　变量的描述性统计

变量名称	全部样本 观察值	全部样本 均值	全部样本 标准差	政府控制 观察值	政府控制 均值	政府控制 标准差	家族控制 观察值	家族控制 均值	家族控制 标准差
Score	510	38.32	11.220	251	38.65	11.450	183	37.99	11.474
Ye06	510	0.50	0.500	251	0.50	0.501	183	0.52	0.501
Ye06·Reform	510	0.38	0.486	251	0.35	0.479	183	0.44	0.498
Reform	510	0.76	0.427	251	0.70	0.458	183	0.86	0.338
Exchange	510	0.58	0.494	251	0.65	0.476	183	0.54	0.499
Size	498	19.93	1.484	251	20.42	1.547	183	19.29	1.148
Roa	498	0.05	0.049	251	0.05	0.052	183	0.06	0.045
Debt	498	0.46	0.180	251	0.49	0.178	183	0.45	0.166
Dir_CEO	495	0.12	0.329	251	0.07	0.258	181	0.21	0.408
Share	498	2145.95	1308.977	251	2519.27	1440.128	183	1653.40	940.499
Outdirector	496	35.02	4.643	249	34.51	4.613	183	35.79	4.900
Control	475	40.78	16.099	241	45.76	16.096	180	33.37	13.540
Controlcash	475	1.60	1.682	241	1.24	1.047	180	2.14	2.333
Audit	498	0.07	0.262	251	0.08	0.283	183	0.05	0.227

二、股权分置改革与自愿性信息披露

表 3—11 报告的是双重差分的回归结果,第(1)、(3)和(5)列

---

① 仅有很小比例的上市公司被外资、联合会或其他形式的组织所控制,我们在这里并不单独列出来研究。

分别是全部样本、政府终极控制的子样本和家族终极控制子样本的基础方程回归结果;第(2)、(4)和(6)是在基础方程之上控制了其他变量的回归结果。从变量 $Ye06$ 的系数来看,仅第(3)列在10%水平上显著,而在其他回归方程中都不显著,表明从2004年到2006年上市公司自愿性信息披露水平并没有明显改变;从 $Ye06 \cdot Reform$ 的系数来看,无论是全部样本还是政府控制和家族控制的子样本,都显著为正,表明股权分置改革确实可以显著提高上市公司自愿性信息披露水平,不论公司是由政府控制还是由家族控制的;从 $Reform$ 系数来看,那些在2005年就完成股权分置改革的公司的自愿性信息披露水平要低于那些2006年年底还没有启动股改的公司;从变量 $Exchange$ 系数来看,深市上市公司自愿性信息披露水平要明显高于沪市公司;公司规模仅在全部样本回归中显著,且公司规模越大,自愿性信息披露水平越高;公司业绩也仅在政府控制的上市公司样本中显著,业绩越好,自愿性信息披露水平也越高;负债水平、两职是否合一、十大股东持股分散程度、独立董事比例、终极控制权、控制权偏离现金流权的程度均没有对自愿性信息披露水平产生显著影响;而审计机构对自愿性信息披露有显著负的影响,表明那些被四大会计师事务所审计的上市公司,其自愿性信息披露的水平反而较低,这个结论与 Xiao et al. (2004) 的研究并不一致,我们认为原因是四大会计师事务所较好的声誉给市场发出的信号可以作为上市公司自愿性信息披露在某种程度上的替代。从政府和家族控制样本的回归的 R^2 来看,回归方程对家族上市公司的解释能力要好于对政府控制的样本。

表3—11　股权分置改革与自愿性信息披露

	全部样本		政府控制		家族控制	
	(1)	(2)	(3)	(4)	(5)	(6)
Ye06	1.6639	1.4770	2.5533*	2.0199	-0.3071	-0.8942
	(1.48)	(1.19)	(1.79)	(1.27)	(0.11)	(0.24)
Ye06·Reform	7.6144***	7.8031***	5.9046**	7.3881***	10.5898***	10.0498**
	(4.70)	(4.44)	(2.50)	(2.88)	(3.15)	(2.35)
Reform	-4.9996***	-5.4471***	-3.8523**	-5.9180***	-6.3851***	-7.0449*
	(4.17)	(4.14)	(2.11)	(3.13)	(2.61)	(1.82)
Exchange		-4.2624***		-3.6582**		-5.9887***
		(4.56)		(2.59)		(3.25)
Size		0.6933*		0.6085		1.3082
		(1.66)		(1.02)		(1.35)
Roa		7.4873		28.5143*		1.5476
		(0.70)		(1.77)		(0.09)
Debt		0.6614		-1.2605		1.4785
		(0.20)		(0.26)		(0.24)
Dir_CEO		-0.0980		-2.1885		2.2834
		(0.07)		(0.90)		(1.13)
Share		0.0008		0.0002		0.0005
		(1.31)		(0.21)		(0.41)
Outdirector		0.0805		0.2077		-0.0419
		(0.73)		(1.34)		(0.21)
Control		-0.0416		0.0531		-0.0879
		(0.88)		(0.64)		(1.18)
Controlcash		-0.1220		0.5713		-0.5207
		(0.46)		(0.98)		(1.36)
Audit		-4.5627**		-6.6907**		-1.3443
		(2.55)		(2.31)		(0.46)
Constant	38.4016***	26.4071**	37.9730***	8.4096	38.9500***	21.3866
	(62.07)	(2.52)	(49.42)	(0.73)	(21.07)	(1.16)
N	510	470	251	239	183	178
Adj. R^2	0.13	0.19	0.10	0.19	0.18	0.26

注：括号内报告的是异方差稳健性回归的t绝对值，***表示在1%水平上显著，**表示在5%水平上显著，*表示在10%水平上显著。限于篇幅，我们没有列示行业影响的系数。

三、股权分置改革与自愿性信息披露：财务信息还是非财务信息

为了更进一步分析，我们将研究的视角深入到自愿性信息披露的内部，研究股权分置改革对不同类别的自愿性信息披露水平的影响。已有的文献通常将自愿性信息披露划分为三个类别：公司战略信息、财务信息和非财务信息（Gray et al.，1995；Botosan，1997；Chau and Gray，2002）。从年报中的信息披露情况来看，我国上市公司对于公司战略信息的披露普遍没有西方公司详细，因此，在本章的研究中我们仅将公司信息划分为财务信息和非财务信息两类。① 表3—12是从财务信息和非财务信息角度来描述自愿性信息披露的水平，对于试验组样本，财务信息和非财务信息披露水平在2006年都要显著高于2004年；对于控制组样本，财务信息披露水平在2006年要显著高于2004年，而与之相反的是，非财务信息在2006年却显著低于2004年。

表3—12　自愿性信息披露指数：财务信息和非财务信息

组别	信息分类	年度	样本数	均值	标准差	最小值	最大值	t值
试验组	财务信息	2004	194	16.9871	8.5811	4	37	-5.98***
		2006	194	21.7526	7.0377	6	42	
	非财务信息	2004	194	18.0490	7.8224	2	27	-5.00***
		2006	194	20.9278	1.7469	15	25	

---

① 有的针对西方市场的研究仅划分为财务信息和非财务信息两类，如DePoers（2000）。这里非财务信息是指除了财务信息之外的所有信息，包括附录B中的非财务信息、公司的基本信息和战略信息。

续表

控制组	财务信息	2004	61	17.7623	4.7545	9	30	−2.24**
		2006	61	20.2131	7.1066	6	38	
	非财务信息	2004	61	20.6393	1.6934	16	24	2.55**
		2006	61	19.8525	1.7111	14	24	

注：***表示在1%水平上显著，**表示在5%水平上显著。

表3—13报告的是股权分置改革对自愿性财务信息披露影响的回归结果。从 $Ye06$ 的系数来看，对于全部样本的上市公司，2006年的自愿性财务信息披露要明显好于2004年，不过，从政府和家族控制的子样本回归来看，仅政府控制的上市公司表现出这样的效果；从 $Ye06 \cdot Reform$ 的系数来看，仅在第(1)列的回归中显著，且显著水平是10%，在其余5个方程中都不显著，表明股权分置改革对上市公司的自愿性财务信息披露没有显著的影响，不论是政府控制还是家族控制的上市公司；从 $Reform$ 的系数来看，试验组和控制组在自愿性财务信息披露上没有显著差别；从 $Exchange$ 的系数来看，深交所上市公司的自愿性财务信息披露要明显好于沪市上市公司；公司规模并没有显著影响；公司业绩仅对政府控制的上市公司有显著影响，业绩越好，自愿性财务信息披露水平越高；两职合一仅对家族控制上市有显著影响，且在两职合一的情况下，自愿性财务披露水平会更高，这也与Forker(1992)的研究结论相反，我们认为两职合一的情况下更大的代理成本从而引发了更充分的信息披露；审计机构也还是仅对政府控制上市公司有显著影响，且影响与总体自愿性信息披露一致。从回归方程的 R^2 来看，方程对家族和政府控制的上市公司自愿性财务信息披露的解释能力是一样的。

表 3—13　股权分置改革与自愿性财务信息披露

	全部样本		政府控制		家族控制	
	(1)	(2)	(3)	(4)	(5)	(6)
Ye06	2.4508**	2.4037**	3.7347***	3.3064**	−0.6071	−0.1293
	(2.25)	(2.06)	(2.62)	(2.25)	(0.24)	(0.04)
Ye06·Reform	2.3146*	2.1223	1.8263	2.9818	4.2616	2.8811
	(1.71)	(1.51)	(0.96)	(1.51)	(1.51)	(0.85)
Reform	−0.7752	−1.1946	−0.5466	−2.0845	−0.9838	−1.3913
	(0.90)	(1.24)	(0.44)	(1.57)	(0.50)	(0.46)
Exchange		−3.3757***		−2.6777**		−4.9468***
		(4.93)		(2.54)		(3.92)
Size		0.4882		0.6549		0.7081
		(1.61)		(1.46)		(1.13)
Roa		14.5020*		22.1913*		14.2156
		(1.86)		(1.84)		(1.23)
Debt		2.5482		−0.5193		4.4367
		(1.08)		(0.14)		(1.12)
Dir_CEO		0.5681		−2.4264		2.9201**
		(0.54)		(1.44)		(2.01)
Share		0.0004		−0.0001		0.0002
		(0.99)		(0.13)		(0.24)
Outdirector		0.0280		0.1021		−0.0477
		(0.36)		(0.93)		(0.37)
Control		−0.0186		0.0652		−0.0438
		(0.53)		(1.07)		(0.82)
Controlcash		−0.0300		0.3275		−0.2514
		(0.19)		(0.88)		(1.00)
Audit		−4.6530***		−6.9804***		−2.8734
		(3.93)		(3.51)		(1.63)
Constant	17.7623***	6.5058	17.0811***	−8.8043	18.7500***	8.4140
	(29.30)	(0.91)	(21.35)	(1.04)	(11.31)	(0.72)
N	510	470	251	239	183	178
Adj. R²	0.08	0.18	0.10	0.22	0.05	0.22

注：括号内报告的是异方差稳健性回归的t绝对值，***表示在1%水平上显著，**表示在5%水平上显著，*表示在10%水平上显著。限于篇幅，我们没有报告行业影响的系数。

表 3—14 是对自愿性非财务信息水平回归分析结果,与财务信息披露不同的是,政府控制的上市公司非财务性信息披露在 2006 年会明显低于 2004 年;从交互项系数来看,股权分置改革对上市公司非财务信息披露有明显的提高,无论是政府终极控制的,还是家族控制的;从 *Reform* 的系数来看,试验组在自愿性非财务信息披露水平上要显著低于控制组;与财务信息披露一样,*Exchange* 的系数表明深市上市公司的非财务信息披露要好于沪市上市公司;不过,公司规模、业绩、负债、治理和审计机构等变量均对自愿性非财务信息披露没有表现出显著影响。回归方程对家族终极控制上市公司的解释能力要好于对政府控制上市公司的解释能力。

总体而言,股权分置改革对上市公司自愿性信息披露行为的影响更多体现在非财务信息上面,而对财务信息缺乏明显影响,我们认为自愿性信息披露的专有化成本假说对这个结论有很好的解释能力。在一般的分析框架下,公司管理者隐藏信息会被市场解读成坏消息致使公司股价下跌,这会导致管理者倾向于披露公司的全部私有信息,以主动区别于那些业绩差的公司(Milgrom,1981;Grossman,1981);而在专有化成本的分析框架下,市场竞争者会利用公司披露的信息来改变其产品或市场策略,这会损害公司的竞争力和盈利能力,这样看来,管理者隐藏信息并不都是有损于公司价值的,尤其对于那些与公司竞争力相关的核心信息(Verrecchia,1983;Darrough,1993;Luo et al.,2006)。从公司信息的划分来看,公司财务信息显然更能反映公司的竞争能力和未来策略,过多披露更不利于公司竞争地位的巩固和提高。因此,股权分置改革之后,我国上市公司在自愿性财务信息披露上的表现空间有限,更多的改善来自于非财务信息的披露。

表 3—14 股权分置改革与自愿性非财务信息披露

	全部样本		政府控制		家族控制	
	(1)	(2)	(3)	(4)	(5)	(6)
Ye06	-0.7869**	-0.9782**	-1.1814***	-1.2945**	0.3000	-1.0746
	(2.56)	(2.15)	(2.98)	(2.38)	(0.48)	(0.79)
Ye06·Reform	3.6658***	4.0417***	3.9634***	4.3468***	2.9255***	3.9842**
	(5.61)	(5.30)	(4.13)	(3.95)	(2.60)	(2.29)
Reform	-2.5904***	-2.7895***	-3.1907***	-3.7534***	-1.9987**	-2.4255
	(4.30)	(4.30)	(3.55)	(4.12)	(1.98)	(1.52)
Exchange		-2.1810***		-1.1219*		-3.8608***
		(5.16)		(1.87)		(4.12)
Size		-0.1088		-0.1066		0.1589
		(0.55)		(0.40)		(0.30)
Roa		-1.6014		6.8540		-7.1633
		(0.33)		(0.96)		(0.96)
Debt		-2.1098		-0.7613		-4.1217
		(1.39)		(0.35)		(1.31)
Dir_CEO		-0.3785		-0.1851		-0.3352
		(0.58)		(0.17)		(0.36)
Share		-0.0001		0.0002		-0.0001
		(0.19)		(0.49)		(0.24)
Outdirector		0.0827		0.1107		0.0298
		(1.64)		(1.63)		(0.32)
Control		-0.0001		-0.0049		-0.0175
		(0.00)		(0.13)		(0.49)
Controlcash		-0.1420		0.2354		-0.2986
		(0.98)		(0.63)		(1.55)
Audit		0.6936		0.3958		0.9234
		(0.74)		(0.28)		(0.52)
Constant	20.6393***	24.7396***	20.8919***	17.9588***	20.2000***	23.7059**
	(95.60)	(5.75)	(76.09)	(3.64)	(47.62)	(2.50)
N	510	470	251	239	183	178
Adj. R^2	0.06	0.14	0.07	0.11	0.08	0.23

注：括号内报告的是异方差稳健性回归的 t 绝对值，*** 表示在 1% 水平上显著，** 表示在 5% 水平上显著，* 表示在 10% 水平上显著。限于篇幅，我们没有报告行业影响的系数。

四、股权分置改革与自愿性信息披露:公司治理的作用

上文的实证结果表明股权分置改革的确可以提高上市公司的自愿性信息披露水平,特别是自愿性非财务信息披露。在分析的逻辑中暗含了这样一个假设:股权分置改革通过协调公司股东之间(流通股股东与非流通股股东)的利益基础来改善公司治理,进而提升公司自愿性信息披露水平。本节就是要检验股权分置改革对公司治理的影响,研究股改提升上市公司自愿性信息披露水平的内在原因。

通过设计指数来度量公司治理水平已被国内外研究文献普遍接受(Gompers et al.,2003;白重恩等,2005;李维安和张国萍,2005;廖理等,2008)。借鉴已有的研究,我们设计了如下指标体系(见表3—15),采用主成份分析法,寻找所有指标的线性组合来最大化描述公司治理的变化情况,并取第一大主成份得分为公司治理指数(CGI),表3—15还报告了12个变量对于第一大主成份的载荷系数,系数的符号基本与理论预测符号相吻合。

表3—16报告的是股权分置改革对公司治理影响及公司治理对于自愿性信息披露影响的回归结果。在检验股改对公司治理影响的回归方程中,依然采用的是上文中提及的差分方程,我们还控制了公司规模($Size$,总资产对数)、公司业绩(Roa,资产回报率)和公司债务水平($Debt$,资产负债率)和公司所在行业的影响。从回归结果的交互项($Ye06 \cdot Reform$)来看,股权分置改革对公司治理水平存在正向显著影响;从控制变量来看,公司规模越

大公司治理水平越低,不过负债比率越高,公司治理水平会显著提高。

表 3—15 公司治理指数的载荷系数

治理指标	变量名称	变量解释	载荷系数
持股结构与股东权益	最大股东持股比例	第 1 大股东持股比例	-0.5469
	股权制衡	第 2 大到第 5 大股东持股之和除以第 1 大股东持股比例	0.4677
	股东会次数	公司年度召开的股东大会次数	0.2014
	流通股比例	公司流通股所占比例	0.2307
	国有股比例	公司国有股所占比例	-0.4910
管理层治理	两职合一	公司董事长与 CEO 是否兼任	0.1294
	管理层持股	公司管理层持股比例	0.2730
董事、监事与其他治理形式	董事会规模	公司董事会人数	-0.0964
	独立董事比例	公司董事会中独立董事所占比例	0.1013
	董事会次数	公司年度召开董事会次数	0.1551
	监事会次数	公司年度召开监事会次数	0.1113
	委员会个数	公司设立的各种委员会个数(如薪酬委员会、考核委员会、审计委员会和战略发展委员会等)	-0.0007

在表 3—16 还报告了公司治理对于公司自愿性信息披露影响实证结果,我们用公司治理指数(CGI)替代了前文检验中(表 3—11)的公司治理相关变量。实证结果表明:公司治理对公司自愿性财务信息披露没有显著影响,但是对公司自愿性非财务信息披露有显著正向影响,也即公司治理越好,公司愿意披露更多的非财务信息。从以上研究结论来看,股权分置改革是通过改善公司治理来提升公司自愿性非财务信息披露的。

表 3—16　股权分置改革、公司治理与自愿性信息披露

	股改与公司治理	公司治理与自愿性财务信息披露	公司治理与自愿性非财务信息披露
CGI		0.3096	0.4896*
		(0.81)	(1.79)
Ye06	0.2592		
	−0.99		
Ye06·Reform	0.7809**		
	(2.55)		
Reform	0.1489		
	−0.68		
Size	−0.5997***	0.6533**	0.1496
	(7.45)	(1.99)	(0.69)
Roa	2.1786	12.3701	−7.8813
	−1.05	(1.45)	(1.35)
Debt	2.0111***	1.2184	−3.1030*
	(4.27)	(0.47)	(1.72)
Exchange		−4.0819***	−2.6241***
		(5.25)	(5.18)
Control		0.0014	0.0176
		(0.04)	(0.70)
Controlcash		−0.0947	−0.1498
		(0.51)	(0.89)
Auditunit		−4.3026***	0.7555
		(3.41)	(0.77)
Constant	12.4523***	7.7091	22.9823***
	(4.97)	(1.15)	(5.96)
N	483	397	397
Adj. R^2	0.20	0.13	0.08

注：括号内报告的是异方差稳健性回归的 t 绝对值，*** 表示在 1% 水平上显著，** 表示在 5% 水平上显著，* 表示在 10% 水平上显著。限于篇幅，我们没有报告行业影响的系数。

第三章 股权分置改革与上市公司治理研究

本章小节

　　股权分置改革是中国资本市场近两年的大事,股权分置改革的最终结果是实现股份全流通,借全流通逐步实现股权分散化,从而弥补由股权分置和"一股独大"造成的公司治理缺陷。然而,股权分置改革是否提高了中国上市公司的治理水平,其作用是立竿见影还是比较缓和,这是本章试图解答的问题。本章以一定标准选择沪深两市的1014家A股上市公司作为研究的全样本,再进一步从中选择完成股改的公司作为股改样本,分析股改样本的公司治理指数是否得到显著提升。为了衡量上市公司治理的整体水平,本章选取了16个公司治理指标,以主成份分析法构建公司治理指数CGI。这16个公司治理指标涵盖控股股东行为和股东权益、董事会治理、经理层治理和信息披露四个方面。单变量检验和差分回归方程检验的结果表明:(1)股改样本的公司治理指数在股改后有显著提升(显著程度和提升幅度都大于全样本);(2)在公司治理的四个维度中,股权分置改革对控股股东的影响最大最显著,对其他三个维度的影响则在短期内并不显著;(3)终极产权为国有和股权集中的公司,改善公司治理的动机更强,公司治理水平得到更大的改善;(4)我们研究了股改进度与公司治理改善的关系,比较了已经完成股改的公司和尚未股改公司在公司治理改善上的差异,以进一步控制样本的自选择问题,实证检验发现已实施股权分置改革的公司比尚未实施股权分置改革的公司在公司治理水平上有更大的提高。

　　此外,在具体的公司治理方面,从本章计量检验的结果来看,股权分置改革确实可以有效地提升上市公司自愿性信息披露水平,表明股改之后公司控制者会更加关注资本市场的变化,存在提高公司透明度的动机;进一步地将公司自愿性信息披露划分为财务性信息披露和非财务性信息披露,我们仅发现了股改有助于改善上市公司非财务性信息披露的证据,而对财务性信息披露并没有显著影响。之所以产生这样的差异,我们认为是与信息披露的专有化成本有联系的,在专有化成本假说下,公司信息披露是有成本的,尤其是公司的核心信息会有利于竞争对手的判断,从而有损于公司本身的经营。而从信息本身的特征来看,财务信息显然要比非财务信息更接近于公司的核心竞争力,能给竞争对手更多有用的信息,也更能威胁到公司自身的竞争力。因而,股权分置改革仅能显著提高上市公司非财务信息自愿性披露水平,而对财务信息自愿性披露水平的影响并不显著。我们还进一步研究了股权分置改革对于自愿性信息披露影响的内在机理,发现股权分置改革可以显著改善公司治理质量,进而有助于提升公司的透明度。

附录A: 证监会关于上市公司信息披露的法规文件

时间	文件
1993年6月28日	《公开发行股票公司信息披露实施细则(试行)》
1996年12月2日	《关于加强对上市公司临时报告审查的通知》
1996年12月13日	《关于上市公司发布澄清公告若干问题的通知》
2000年6月7日	《关于进一步加强ST、PT公司信息披露监管工作的通知》
2001年1月19日	《公开发行证券公司信息披露编报规则第9号——净资产收益率和每股收益的计算及披露》
2001年6月19日	《公开发行证券的公司信息披露规范问答第2号——中高层管理人员激励基金的提取》

续表

时间	文件
2001年8月30日	《公开发行证券的公司信息披露规范问答第4号——金融类公司境内外审计差异及利润分配基准》
2001年11月7日	《公开发行证券的公司信息披露规范问答第5号——分别按国内外会计准则编制的财务报告差异及其披露》
2001年12月24日	《公开发行证券的公司信息披露规范问答第6号——支付会计师事务所报酬及其披露》
2001年6月29日	《公开发行证券的公司信息披露规范问答第3号——弥补累计亏损的来源、程序及信息披露》
2001年12月12日	《公开发行证券的公司信息披露编报规则第14号——非标准无保留审计意见及其涉及事项的处理》
2003年3月26日	《公开发行证券的公司信息披露编报规则第13号——季度报告内容与格式特别规定》(2003)修订
2003年12月1日	《公开发行证券的公司信息披露编报规则第19号——财务信息的更正及相关披露》
2004年1月6日	关于进一步提高上市公司财务信息披露质量的通知
2004年1月15日	《公开发行证券的公司信息披露规范问答第1号——非经常性损益》(2004年修订)
2005年12月15日	《公开发行证券的公司信息披露内容与格式准则第2号〈年度报告的内容与格式〉》(2005年修订)
2005年12月16日	《公开发行证券的公司信息披露内容与格式准则第5号〈公司股份变动报告的内容与格式〉》(2005年修订)
2006年8月4日	《新修订的公开发行证券的公司信息披露内容与格式准则第15号至第19号》
2006年12月8日	《公开发行证券的公司信息披露编报规则第3号——保险公司招股说明书内容与格式特别规定》

续表

时间	文件
2007年1月30日	《上市公司信息披露管理办法》
2007年2月2日	《公开发行证券的公司信息披露编报规则第15号——财务报告的一般规定(2007年修订)》等3项信息披露规则
2007年2月15日	《公开发行证券的公司信息披露规范问答第7号——新旧会计准则过渡期间比较财务会计信息的编制和披露》
2007年3月26日	《公开发行证券的公司信息披露编报规则第13号——季度报告内容与格式特别规定》(2007年修订)
2007年8月28日	关于发布《公开发行证券的公司信息披露编报规则第4号——保险公司信息披露特别规定》的通知
2007年6月29日	关于印发《公开发行证券的公司信息披露内容与格式准则第3号〈半年度报告的内容与格式〉》(2007年修订)的通知

附录B： 上市公司自愿性信息披露的条目

	1. 基本信息
1	公司历史
2	公司结构
3	未来发展策略(新年度经营计划)
4	公司使命
5	财务目标
6	市场目标
7	社会福利目标
8	战略规划：步骤、行动以及障碍,未来利润
	2. 财务信息
	2.1 宏观经济分析
9	销售价格指数
10	原材料价格指数
11	生产环境及宏观政策、法规变化对公司的影响

续表

		2.2 行业分析
12		行业发展趋势
13		竞争者分析
		2.3 趋势分析
14		历史趋势分析
15		未来趋势分析
		2.4 历史数据
16		利润率变动及其原因分析
17		财务结构比率及其原因分析
18		流动比率变动及其原因分析
19		每股收益变动及其原因分析
20		其他比率变动及其原因分析
21		销售额变动及其原因分析
22		资产收益率变动及其原因分析
23		主营业务收入变动及其原因分析
24		净利润变动及其原因分析
		2.5 财务报表的脚注
25		合并情况的公布
		2.6 变动原因分析
26		销售收入变动原因分析
27		生产收入变动原因分析
28		产品成本变动原因分析
29		毛利润变动分析
30		毛利率变动分析
31		主营业务利润变动原因分析
32		其他业务利润变动原因分析
33		主营业务收入变动分析
34		主营业务成本变动分析
35		营业外收入变动原因分析
36		营业外支出变动原因分析
37		净利润变动原因分析
38		管理费用变动原因分析

续表

39	营业费用变动原因分析	
40	财务费用变动原因分析	
41	利息成本或收入变动原因分析	
42	净收入变动原因分析	
43	存货变动原因分析	
44	在建工程变动原因分析	
45	工程物资变动原因分析	
46	应收账款变动原因分析	
47	应收票据变动原因分析	
48	应付票据变动原因分析	
49	资本支出变动原因分析	
50	R&D 费用变动原因分析	
51	应付账款变动原因分析	
52	投资收益变动原因分析	
53	预收账款变动原因分析	
54	预付账款变动原因分析	
55	市场份额变动原因分析	
56	其他应收账款变动原因分析	
57	现金流变动原因分析	
58	现金及现金等价物变动原因分析	
59	货币资金变动原因分析	
60	无形资产变动原因分析	
61	负债变动原因分析	
62	一年内到期的长期负债变动原因分析	
63	固定资产变动原因分析	
64	总资产变动原因分析	
65	股东权益变动原因分析	
66	长期投资变动原因分析	
67	应交税金或补贴变动原因分析	
68	应付工资或福利变动原因分析	
69	其他应付款变动原因分析	
70	短期投资变动原因分析	

续表

71	短期借款的变动原因分析	
72	长期待摊费用的变动原因分析	
73	长期借款变动原因分析	
74	预提费用变动原因分析	
75	长期应付款变动原因分析	
	2.7 对财务表现的评论	
76	对利润率的评论	
77	对资本结构的评论	
78	对流动比率的评论	
79	对其他比率的评论	
	2.8 公司未来预测	
80	前一阶段预期收入与实际收入的比较	
81	前一阶段预期成本与实际成本的比较	
82	前一阶段预测销售与实际销售的比较	
83	未来机会对销售额和利润的影响	
84	公司面临的风险对未来销售额和利润的影响	
85	对股票市值的预测	
86	对现金流的预测	
87	对资本支出的预测	
88	对科研收入的预测	
89	对未来收入的预测	
90	对未来销售额的预测	
91	对主营业务收入的预测	
92	对未来成本的预测	
93	对未来产量的预测	
94	对未来利润的预测	
	3 非财务信息	
	3.1 产品和市场分析	
95	产品分析	
96	市场分析	
97	国际市场分析	

续表

	3.2 经营问题
98	出现的问题
99	解决的方案
100	解决方案的效果
101	报告期内重要事件的评论
	3.3 管理层信息
102	详细的董事会结构
103	高级管理人员相关详细信息
104	高管的详细工作经历
105	高管持股及其变动的详细情况
106	高管任职情况及详细报酬计划
107	董事会人员变动原因分析
108	其他10%股东详细介绍
109	前十名大股东详细介绍
110	机构股东关联关系
111	实际控制个人情况分析
	3.4 资本市场分析
112	上市情况
113	年终市值及其变动原因分析
114	股价变动原因分析
115	分红政策变动原因分析
	3.5 员工
116	员工基本情况
117	员工福利培训
118	伤亡事故
	3.6 其他
119	重大担保事项说明
120	投资表现及变动情况说明
121	公司募集资金使用情况及其变动的详细说明
122	非募集资金(包括自有资金)的使用情况

第四章　股权分置改革与机构投资者的积极行为[*]

中国股权分置改革过程中,机构投资者的行为对股改对价有很大影响。股权分置改革本质上是通过上市公司的非流通股股东和流通股股东之间的利益平衡和协商机制让非流通股逐步流通,非流通股股东为了获得流通权,需向流通股股东支付对价以平衡相互利益。然而在股改对价的协商、谈判过程中,普通流通股股东往往存在"搭便车"的现象。因此,持有大量流通股的机构投资者便成为与非流通股股东进行谈判的关键对手,他们是积极与非流通股股东讨价还价、维护流通股股东利益,还是与非流通股股东合谋、损害中小投资者利益是理论和实践关注的重点。

本章收集了截至 2007 年 6 月 30 日已完成股权分置改革的上市公司的相关数据,对机构投资者持股比例与非流通股股东支付对价、非流通股股东股改承诺、股改方案复牌日累计超额回报率之间的关系进行了深入研究。研究结果表明机构投资者持股比例与非流通股股东支付的对价存在正"U"形关系;机构投资者持股比例越高,非流通股股东做出承诺的可能性越高;机构投资者持股比例越高的公司,股改方案复牌日累计超额回报率越高。研究结果

---

[*] 本章的部分内容发表在《金融研究》2009 年第 10 期。

表明机构投资者在股权分置改革中发挥了积极作用,同时保护了广大中小投资者的利益。

第一节 理论分析与研究假设

20世纪80年代以来,西方发达国家资本市场的机构投资者获得了迅速发展,成为资本市场的重要参与者。在美国,以养老基金为主的机构投资者总的持股比例从1950年的6.1%上升到2002年的50%。

在"超常规发展机构投资者"的政策影响下,我国机构投资者逐渐成长,并成为我国资本市场上的积极力量。截至2007年年底,机构投资者群体持有的上市公司股票市值高达36400亿元,占年末A股流通市值的近50%,以基金、QFII和保险公司为主的机构投资者成为了中国资本市场的主导力量。国内学者也开始关注机构投资者对我国资本市场发展的影响。有大量学者对机构投资者投资行为对资本市场股价影响进行了研究,但由于我国制度安排中不允许机构投资者在股东大会提出股东议案,因此我国有关机构投资者如何参与公司治理、影响公司价值的经验研究成果几乎还是空白。

我国2005年启动的股权分置改革为我们了解机构投资者参与公司治理,影响公司价值提供了既无先例可供参考,也无经验可资借鉴,极具中国特色、不可多得的、良好的研究视角。根据有关制度安排,股权分置改革方案需经参加表决的流通股股东所持表决权的三分之二以上才能通过。由于中小股东往往存在"搭便车"的现象,因此持有大量流通股的机构投资者成为决定股权分置改革方案能否通过的重要因素,其对股权分置改革对价的影响可以为我们提供机构投资者参与公司治理、保护中小投资者利益的实证证据。

一、机构投资者持股比例与对价的关系

国内外研究表明,机构投资者是介于公司控股股东与外部中小股东之间的第三方力量,凭借其信息优势、专业能力对上市公司高管人员、控股股东行为进行监督,从而降低代理成本,促进公司价值的提升。甚至有学者把机构投资者看做替代收购兼并约束公司高管人员的一种重要公司治理机制。然而,Pound(1988)认为,存在三种机构投资者对公司价值影响的理论。一是有效监督假说,即由于机构投资者持股比例较高,从监督中所获得的收益往往高于监督的成本,因此有动力来监督公司的高管人员、控股股东。[1]同时,机构投资者拥有专业知识,有能力对高管人员、控股股东的行为进行监督。因此机构投资者可以改善公司治理,降低企业的代理成本,提升企业价值。二是利益冲突假说,即机构投资者本身也存在委托代理问题,可能会因自身利益而支持公司高管人员的计划,从而导致监督职能受损,企业价值下降。三是战略合作假说,机构投资者与高管人员发现双方合作更有利于自身的利益,这种合作降低了对高管人员监督的效果,从而损害了其他投资者利

---

[1] 例如 Smith(1996)估计在 1987—1993 年期间,CalPERS 通过提交股东议案的方式增加了 1900 万美元的收益,但监督成本仅需要 350 万美元。

益。第一种假说认为机构投资者保护了外部投资者利益,而后两种假说认为机构投资者损害了外部投资者利益。

在股权分置改革过程中,当机构投资者持股比例较低时,其积极参与协商谈判的成本可能要高于获得的股改对价收益,或者其与公司合谋获得的收益高于股改对价的收益,因此机构投资者往往选择弃权或者与公司合谋,支持不利于流通股股东利益的股改对价,其行为符合利益冲突假说或战略合作假说。当机构投资者持股比例较高时,其自身利益与流通股股东利益逐渐趋于一致,因此有动力希望获得较高的对价,其行为更符合有效监督假说。因此,我们认为,机构投资者持股比例与股改对价之间存在正"U"形关系。我们提出假说1。

假说1:在其他条件不变的情况下,股改对价水平与机构投资者持股比例之间存在正"U"形关系。

二、机构投资者持股比例与股改承诺的关系

非流通股股东除了送股外,还做出各种承诺,如增持承诺、分红承诺、注资承诺、股权激励、重组等。这些承诺往往有利于公司未来的发展。例如注资承诺意味着非流通股股东会将优质资产注入上市公司,这将提高上市公司未来的盈利能力,进而提升公司的价值;股权激励承诺则意味着公司将会对管理层进行股权激励,使公司经理层和股东利益更加一致,降低代理成本;分红承诺意味着控股股东在一段时期内在股东大会上提出并赞成分红方案,这会降低流通股股东的风险。许年行、张华、吴世龙(2008)研究发现增持承诺、追送承诺和最低流通价承诺与累计超额回报存在显著正

相关关系,说明这三种股改承诺具有显著的信号传递效应。而与中小投资者相比,机构投资者具有专业优势和信息优势,在股改方案协商过程中更能从公司长远发展角度要求公司非流通股股东做出各种股改承诺。因此,我们提出假说2。

假说2:在其他条件不变的情况下,股改方案中附加承诺的可能性与机构投资者持股比例正相关。

三、机构投资者持股比例与累计超额回报的关系

如果市场预期股改方案能给投资者带来长远利益,公司股价在股改方案公布日将存在显著正的超额回报。奉立城、许伟河(2006)研究发现,股改试点公司在公布最终方案后,复牌当天存在3%的显著超额回报。机构投资者在股改过程中的积极作用,包括影响公司股改对价、要求非流通股股东做出有利于公司长远利益的承诺等,都可能影响股改方案公告日前后的超额回报。根据有效市场理论,股改方案复牌日的股票价格将迅速反映机构投资者在股改过程中的作用。如果机构投资者在股改过程中发挥积极作用,如有效监督假说预期那样,则股改方案公告日前后的累计超额回报应与机构投资者持股比例存在正相关关系;如果机构投资者在股改过程中与公司、控股股东合谋,损害投资者利益,如利益冲突假说、战略合作假说所预期那样,那么股改方案公告日前后的累计超额回报应与机构投资者持股比例存在负相关关系。因此,我们提出两个相互竞争的假说。

假说3A:在其他条件不变的情况下,机构投资者持股比例和股改方案复牌日累计超额报酬率正相关。

假说 3B：在其他条件不变的情况下，机构投资者持股比例和股改方案复牌日累计超额报酬率负相关。

第二节 研究设计

一、样本选择

本章使用的财务数据以及股票市场数据均来自 Wind 数据库。我们收集了截至 2007 年 6 月 30 日已实施股权分置改革的 1223 家上市公司数据。根据研究目标，对初选样本执行了如下筛选程序：

（1）剔除 11 家金融类上市公司。金融类上市公司的相关财务指标具有特殊性，同时面临更多管制，与其他行业的上市公司之间缺乏可比性，因此将其从样本中加以剔除。

（2）剔除上市少于两年的 75 家公司。因为这些公司上市未满两年，其财务指标容易受到上市前过度包装的影响。同时本章实证中需要利用近两年财务数据来研究增长率，因此我们剔除了上市未满两年的公司。

（3）剔除 42 家数据缺失的公司。

经过上述程序后，1223 家公司剩余 1095 家。其中股改试点公司 30 家，全面股改公司 1065 家；2005 年、2006 年和 2007 年完成股改的公司分别为 135 家、859 家和 71 家。具体筛选过程见表 4—1。

表 4—1 样本选择过程

选择步骤	2005	2006	2007	合计
完成股改的公司	232	904	87	1223
剔除金融类公司	-3	-6	-2	-11
剔除上市年限少于两年的公司	-63	-12	0	-75
剔除财务数据缺失的公司	-1	-27	-14	-42
最终样本公司	165	859	71	1095
其中:试点股改公司	30	0	0	30
全面股改公司	135	859	71	1065

二、检验模型

我们通过以下三个模型来研究机构投资者持股比例与股改对价、股改承诺、超额报酬率之间的关系:

模型一:机构投资者持股比例与股改对价关系:

股改对价 = α_0 + β_1 机构投资者持股比例 + β_2 机构投资者持股比例平方 + β_3 净资产收益率 + β_4 市场风险 + β_5 资产负债率 + β_6 成长性 + β_7 国有控股 + β_8 非流通股比例 + β_9 B股H股 + β_{10} 公司规模 + β_{11} 上市地 + β_{12} 股改批次 + β_{13} $Year2006$ + β_{14} $Year2007$ + β_{15} 行业 + ε

模型二:机构投资者持股比例与股改承诺关系:

$Ln \dfrac{Pr(promise_i)}{1 - Pr(promise_i)}$ = β_0 + β_1 机构投资者持股比例 + β_2 净资产收益率 + β_3 市场风险 + β_4 资产负债率 + β_5 成长性 + β_6 国有控股 + β_7 非流通股比例 + β_8 B股H股 + β_9 公司规模 + β_{10} 上市地 + β_{11} 股改批次 + β_{12} $Year2006$ + β_{13} $Year2007$ + β_{14} 行业 + ε_i

模型三:机构投资者持股比例与超额报酬率关系:

$CAR_i = \beta_0 + \beta_1$ 机构投资者持股比例 $+ \beta_2$ 公司规模 $+ \beta_3$ 市净率 $+ \beta_4$ 资产负债率 $+ \beta_5$ B 股 H 股 $+ \beta_6 Year2006 + \beta_7 Year2007 + \varepsilon_i$

在实证过程中,考虑到基金是我国主要的机构投资者,我们用基金持股比例替代机构投资者持股比例来进行了稳健性检验。

三、变量定义

1. 因变量

根据本章的研究假说,存在三个被解释变量。具体为:

(1)股改对价。对价水平是非流通股股东为其持有的股票获得上市流通权向流通股股东支付的补偿。本章采用 Wind 数据库提供的"折算成送股数(Wind 计算值)"作为股改对价水平的代表变量(每 10 股支付对价股数)。该指标是将各种对价方式(股份对价、现金对价、权证对价等)综合考虑折算的结果。

根据 Wind 数据库提供的计算说明,直接送股的按照公司公布的每 10 股支付对价股数计算;间接送股(上市公司送股)按送转后股本计算的每 10 股支付对价股数计算;单向转增折算成向全体股东转增模式,其中向全体股东转增比例 = 转增股份总数/转增前总股本;折算成送股值 = 非流通股股数 × 向全体股东转增比例/按新的转增比转增后流通股本;派现按照"每 10 股支付现金数(对价)/获准公告日前一交易日收盘价"折算;缩股按照"缩股数 × 10/缩股后总股本"折算;权证按照"每份权证理论价格 × 份数/获准公告日前一交易日收盘价"折算。

(2)股改承诺变量。本章考虑四类股改承诺:增持承诺、分红承诺、注资承诺和其他承诺。如果上市公司股改方案中做出增持承诺、分红承诺、注资承诺和其他承诺当中的一项承诺时,相应的虚拟变量取值为1,否则为0。另外,本章还设置了一个承诺总数变量,其取值为公司增持承诺、分红承诺、注资承诺和其他承诺变量的加总,代表上市公司做出的承诺总数。具体承诺情况见表4—2。

表4—2 上市公司股改承诺情况表

承诺类型	公司家数
增持承诺	83
分红承诺	243
注资承诺	48
其他承诺	135
承诺数量为0	686
承诺数量为1	321
承诺数量为2	76
承诺数量为3	12
样本公司数	1095

(3)累计超额报酬率。本章使用市场模型估计超额报酬率:$R_{it} = \alpha_i + \beta_i R_{mt} + \varepsilon_{it}$。其中$R_{it}$为公司i在t日的报酬率,$R_{mt}$为市场在t日的报酬率(用上证综合指数回报率替代市场回报率)。对每家样本公司,我们使用股改开始日前180天的数据估计出α_i和β_i的估计值$\hat{\alpha}_i$和$\hat{\beta}_i$。然后,利用公式$\hat{R}_{it} = \hat{\alpha}_i + \hat{\beta}_i R_{mt}$将事件日的市场回报代入上式,算出事件日股票i在t日的预期回报。再利用i在t日的实际回报减去预期回报得出超额报酬率$AR_{it} = R_{it} - \hat{R}_{it}$。则公司股改事件期$(t_1, t_2)$内的累计超额报酬率$CAR_{it} = \sum_{t_1}^{t_2} AR_i$。

2.解释变量

机构投资者持股比例和机构投资者持股比例的平方。机构投资者持股比例是指复牌日前最近一期季报公布的机构投资者持股总数占流通股股数的百分比。为了考察机构投资者持股比例和股改对价之间的"U"形关系,本章同时设置了机构投资者持股比例的平方变量。其中机构投资者按照 Wind 数据库的口径,包括基金公司、证券公司、QFII、保险公司、银行、社保基金、企业年金、财务公司、信托公司等,持股数据来源于 Wind 数据库中机构投资者持股比例合计。

同时考虑到基金是机构投资者的主体,为了增强研究结论的稳健性,我们使用基金持有股份占已流通股股份的比例作为替代的解释变量。

3. 控制变量

(1)公司规模。公司规模是一个公司最重要的经营特征之一,以往的研究多控制规模变量(靳庆鲁、原红旗,2006a;吴超鹏等,2006),本章将股改前一年上市公司总资产的自然对数作为规模的代理变量。

(2)成长性。一般而言,公司成长性越好,未来价值就越大,投资者基于对公司未来成长的预期,会降低对对价的要求。本章以股改前两年主营业务收入平均增长率作为变量。

(3)盈利能力。盈利能力是公司的一个重要财务特征。一般认为,公司盈利能力强,投资者基于对公司投资价值的判断,会降低对对价的要求。靳庆鲁和原红旗(2006a)以 2005 年 11 月 30 日前完成股改程序的 168 家中国上市公司作为样本进行研究,发现上市公司的盈利能力会影响对价水平。因此本章采用上市公司股改前一年的净资产收益率作为公司盈利能力的代理变量。

(4)非流通股持股比例。辛宇等(2006)和郑志刚等(2007)的研究都表明,非流通股比例越高,股权分置溢价越高,其应支付的对价水平也就越高。本章预计,非流通股持股比例与股改对价水平正相关。

其他控制变量在表4—3中有详细定义,由于篇幅关系不再赘述。

表4—3 变量定义

变量名	符号	变量定义
因变量		
对价	CR	流通股股东每持有10股流通股实际所获得的非流通股股东支付的股票数量
增持承诺	PI	虚拟变量:上市公司大股东有增持承诺取值为1,否则为0
分红承诺	PD	虚拟变量:上市公司有未来分红承诺取值为1,否则为0
注资承诺	PC	虚拟变量:上市公司大股东有注资承诺取值为1,否则为0
其他承诺	PO	虚拟变量:上市公司有其他承诺取值为1,否则为0
承诺数	PT	承诺数量:为上述四种承诺的和
复牌日前后三天超额报酬率	CAR3	股改方案复牌日前后三个交易日的超额回报之和
复牌日前后五天超额报酬率	CAR5	股改方案复牌日前后五个交易日的超额回报之和
复牌日前后十一天超额报酬率	CAR11	股改方案复牌日前后十一个交易日的超额回报之和
解释变量		
机构投资者持股比例	PIN	复牌日前最新的机构投资者持股总数占流通股股数的百分比
基金持股比例	PFD	复牌日前最新的基金持股总数占流通股股数的百分比
机构持股平方	PINSQ	机构投资者持股比例的平方
基金持股平方	PFDSQ	基金持股比例的平方

续表

控制变量		
公司规模	SIZE	上市公司股改前一年年末总资产的对数
成长性	GWH	上市公司股改前两年营业收入平均增长率(%)
财务杠杆	LEV	上市公司股改前一年资产负债率(%)
市场风险	BETA	利用股改前一年共52周的数据,以上市公司每天的市场报酬率为因变量,以上证综合指数每天的报酬率作为自变量进行回归,得出上市公司的BETA值
市净率	PB	上市公司股改所在年份第一季度末每股市场价格和股改前一年年末每股净资产的比值
盈利能力	PFY	上市公司股改前一年的净资产收益率
非流通股比例	RNT	上市公司股改前一年年末非流通股占总股本比例
第一大股东持股比例	PFS	上市公司股改前一年年末第一大股东持股数占总股本比例
股改批次	PICI	股改批次,试点股改公司取值为0,全面股改公司取值为1
发行B股或H股	BH	是否发行了B股或H股的虚拟变量,上市公司发行了B股或H股取值为1,否则取值为0
上市地	EXCH	上市所在地虚拟变量,上市地点为上海取值为1,上市地点为深圳取值为0
是否国有控股	SOE	是否国有控股的虚拟变量,国有控股的上市公司取值为1,否则为0
行业	IND	虚拟变量:按照证监会行业分类将上市公司分成13个行业,在剔除金融类之后剩12个行业,共设置11个虚拟变量(以综合类行业为对照行业)
年份	YEAR	虚拟变量:股改实施所处年份,设置2006年和2007年两个虚拟变量

第三节　实证结果及分析

一、描述性统计及相关分析

表4—4是各变量的描述性统计结果。从表4—4可以看出，非流通股股东向流通股股东支付的对价均值为2.960，中位数为3，最小值为0.22，最大值为7，与以往的研究基本一致(姚颐等，2007)，表明市场平均的送股水平是10送3。四个承诺虚拟变量的中位数都为0，说明多数公司非流通股股东没有做出承诺。上市公司股改方案实施日前后3天、5天和11天的累计超额报酬率均值分别为10.3%、10.7%和14%，说明市场对于股改方案公告有显著正的超额报酬，与奉立城、许伟河(2006)的研究相一致。机构投资者持股比例的均值为9.2%，中位数为2.4%，说明机构投资者持股比例仍然较低。

表4—5列示了Pearson相关分析结果。从表4—5可以看出：

1. 股改对价和各种承诺均在1%的显著性水平上负相关，说明对价和承诺之间存在替代关系。

2. 股改对价和机构投资者持股比例在1%的显著性水平上负相关，与傅勇、谭松涛(2007)、靳庆鲁等(2006)的研究结果一致，但由于未控制其他变量，有必要采取多元回归的方式进一步检验。

3. 股改对价与成长性、股改批次显著负相关，与股票的市场风险和股改前非流通股比例显著正相关。这些结论与以往的研究基本一致。

4. 四个承诺变量和机构投资者持股比例之间显著正相关,说明机构投资者持股有利于增加上市公司做出股改承诺的可能性。

另外,承诺总数与机构投资者持股比例在1%的显著性水平也正相关。

表4—4 变量描述性统计结果

变量	均值	标准差	中位数	最小值	5分位	95分位	最大值
CR	2.960	0.789	3.000	0.220	1.379	4.000	7.000
PT	0.465	0.674	0.000	0.000	0.000	2.000	3.000
PI	0.076	0.265	0.000	0.000	0.000	1.000	1.000
PD	0.222	0.416	0.000	0.000	0.000	1.000	1.000
PC	0.044	0.205	0.000	0.000	0.000	0.000	1.000
PO	0.123	0.329	0.000	0.000	0.000	1.000	1.000
CAR3	0.103	0.259	0.052	−0.359	−0.117	0.468	3.231
CAR5	0.107	0.265	0.060	−0.359	−0.134	0.479	3.249
CAR11	0.140	0.280	0.085	−0.344	−0.135	0.579	3.233
PIN	0.094	0.142	0.024	0.000	0.000	0.441	0.861
PFD	0.061	0.118	0.001	0.000	0.000	0.346	0.755
PFY	0.004	0.267	0.041	−4.830	−0.314	0.194	0.410
BETA	1.074	0.302	1.062	0.071	0.592	1.586	2.233
LEV	0.503	0.182	0.512	0.013	0.184	0.787	1.173
GWH	0.237	0.560	0.188	−0.873	−0.211	0.768	14.559
SOE	0.720	0.449	1.000	0.000	0.000	1.000	1.000
RNT	0.605	0.112	0.622	0.146	0.392	0.750	0.913
BH	0.093	0.291	0.000	0.000	0.000	1.000	1.000
SIZE	21.326	0.967	21.260	18.324	19.929	22.951	26.978
EXCH	0.646	0.479	1.000	0.000	0.000	1.000	1.000
PICI	0.973	0.163	1.000	0.000	1.000	1.000	1.000
Ye06	0.784	0.411	1.000	0.000	0.000	1.000	1.000
Ye07	0.065	0.246	0.000	0.000	0.000	1.000	1.000

表4—5 变量间的 Pearson 相关性分析结果

	CR	PT	PI	PD	PC	PO	CAR3	CAR5	CAR11	PIN	PFD	PFY	BETA	LEV	GWH	SOE	RNT	PFS	BH	SIZE
PT	-0.337***																			
PI	-0.154***	0.509***																		
PD	-0.125***	0.682***	0.104***																	
PC	-0.132***	0.349***	0.023	0.025																
PO	-0.325***	0.558***	0.092***	0.034	0.042															
CAR3	-0.059*	-0.015	-0.051*	-0.037	0.02	0.046														
CAR5	-0.052*	-0.014	-0.053*	-0.036	0.024	0.045	0.985***													
CAR11	-0.037	-0.019	-0.057*	-0.032	0.023	0.034	0.924***	0.945***												
PIN	-0.203***	0.226***	0.086***	0.215***	0.064**	0.081***	-0.019	-0.022	-0.027											
PFD	-0.17***	0.203***	0.069**	0.196***	0.051*	0.081***	-0.011	-0.012	-0.02	0.93***										
PFY	-0.029	0.061**	0.078**	0.144***	-0.059*	-0.084***	-0.205***	-0.205***	-0.206***	0.256***	0.242***									
BETA	0.108***	-0.086***	-0.059*	-0.104***	0.04	-0.022	0.038	0.043	0.052*	-0.2***	-0.186***	-0.184***								
LEV	-0.023	-0.095***	-0.037	-0.173***	-0.033	0.074**	0.113***	0.122***	0.126***	-0.132***	-0.128***	-0.336***	0.068**							
GWH	-0.104***	0.085***	0.116***	0.097***	-0.015	-0.034	-0.069**	-0.066**	-0.058*	0.1***	0.101***	0.188***	-0.018	0.063**						
SOE	0.202***	-0.088***	-0.09***	0.054*	0.054*	-0.211***	-0.032	-0.031	-0.036	0.103***	0.112***	0.148***	-0.032	-0.062**	-0.024					
RNT	0.443***	-0.109***	-0.112***	0.01	-0.016	-0.135***	-0.082***	-0.084***	-0.088***	0.007	0.019	0.088***	0.011	-0.094***	-0.025	0.032				
PFS	0.271***	0.003	-0.046	0.102***	0.005	-0.087***	-0.109***	-0.101***	-0.116***	0.116***	0.127***	0.138***	-0.107***	-0.112***	-0.009	0.312***	0.462***			
BH	0.046	0.003	0.039	-0.02	0.054*	-0.034	0.104***	0.102***	0.093***	0.041	0.032	-0.085***	0.085***	0.04	-0.034	0.095***	-0.286***	-0.061**		
SIZE	-0.06**	0.162***	0.146***	0.172***	0.059*	-0.04	-0.065**	-0.063**	-0.073**	0.312***	0.291***	0.191***	-0.108***	0.165***	0.081***	0.28***	-0.097***	0.239***	0.243***	
EXCH	0.039	0.012	0.017	0.056*	0.019	-0.071**	-0.015	-0.011	-0.014	0.086***	0.076**	0.035	-0.002	-0.039	0.001	-0.025	0.148***	0.085***	-0.032	0.025
PICI	-0.065**	-0.075**	-0.29***	0.036	0.036	0.012	0.018	0.013	0.024	-0.115***	-0.13***	-0.079**	0.052*	0.018	-0.031	0.045	-0.087***	-0.058*	0.054*	-0.103***

注：*、**和***分别代表在10%、5%和1%水平统计显著（双尾检验）。

二、实证结果

1. 机构投资者持股比例与股改对价

表4—6列示了机构投资者与股改对价之间关系的回归结果。模型2是增加行业、年度、批次等控制变量后的回归结果。从表4—6可以看出,机构投资者持股比例与股改对价负相关,机构投资者持股比例的平方与股改对价正相关,验证了假说1,即机构投资者持股比例与股改对价存在正"U"形关系。当机构投资者持股比例较低时,机构投资者与上市公司合谋的动机高于其与流通股股东利益协同的动机,因此机构投资者持股比例越高,对价越少。当机构持股比例较高,机构投资者与流通股股东的协同效益占主导作用,导致机构投资者持股比例和股改对价成正相关关系。同时,表4—6还表明,企业成长性越强,对价水平越低,因为企业成长性越高,企业未来的价值就越高,投资者也越愿意接受较低的对价。另外,股改前非流通股比例越高,最终的对价水平越高,这与靳庆鲁、原红旗(2006a)的研究结论一致。

表4—6 机构投资者持股比例与股改对价回归结果

	模型1 系数	t值	模型2 系数	t值	模型3 系数	t值
Constant	2.988***	4.50	1.847***	3.06	1.636***	2.62
PIN	-1.947***	-4.41	-2.417***	-6.05	-2.162***	-5.44
PINSQ	1.518*	1.89	2.220***	2.89	1.991***	2.63
PFY	0.018	0.08			-0.11	-0.53
BETA	0.247***	2.66			0.151*	1.81
LEV	0.051	0.35			0.11	0.91
GWH	-0.139***	-4.85			-0.092***	-3.95
SOE			0.374***	7.36	0.379***	7.68

续表

RNT			3.310***	15.95	3.285***	15.82
BH			0.520***	5.75	0.482***	5.99
SIZE	-0.004	-0.15	-0.04	-1.40	-0.04	-1.27
EXCH	0.076	1.62	-0.01	-0.23	-0.01	-0.23
PICI	-0.16	-0.92	-0.11	-0.70	-0.11	-0.68
Ye06	-0.351***	-5.50	-0.306***	-5.46	-0.332***	-5.76
Ye07	-0.696***	-4.96	-0.581***	-5.27	-0.677***	-5.23
Industry	控制变量		控制变量		控制变量	
N	1095		1095		1095	
Adj. R²	0.115		0.346		0.354	

注:*、**和***分别代表在10%、5%和1%水平统计显著(双尾检验)。

2. 机构投资者持股比例与股改承诺

模型 A: $\mathrm{Ln}\dfrac{\mathrm{Pr}(promise_i)}{1-\mathrm{Pr}(promise_i)} = \beta_0 + \beta_1 \cdot PIN_i + \sum_{j=2}^{n}\beta_{ij} \cdot controls_{ij} + \varepsilon_i$

表4—7列示了机构投资者持股比例与股改承诺之间关系的回归结果。首先,模型1是机构投资者持股比例和承诺总数的关系。我们使用 Ordinal Logit 回归的方法进行回归[①]。模型1的结果表明:在控制其他因素的情况下,机构投资者持股比例与股改承诺数量在1%的水平上正相关,表明机构投资者持股比例越高,股改承诺数量可能越多,支持了假说2。我们用模型A研究了机构投资者持股比例和各种承诺的关系。表4—7的模型4和模型5的结果表明,机构投资者持股比例和注资承诺、其他承诺之间在1%的显著性水平上正相关。这个结果表明机构投资者在与上市公司协商股

---

① 具体方法详见《计量经济分析》第五版(Greene,2007)第792页。Ordinal Logit 的基本思想是建立如下回归模型:$y^* = x'\beta + \varepsilon$。$y^*$是无法观察的,我们可以观察到的是:

$y=0, y^* \leq 0; y=1, 0 < y^* \leq \mu_1; y=2, \mu_1 < y^* \leq \mu_2; \ldots; y=J, \mu_{J-1} < y^* \leq \mu_J$。利用极大似然估计的方法可以估计出相应的参数。

表 4—7　机构投资者持股比例与股改承诺回归结果

	模型 1 PT 系数	模型 1 PT t值	模型 2 PI 系数	模型 2 PI t值	模型 3 PD 系数	模型 3 PD t值	模型 4 PC 系数	模型 4 PC t值	模型 5 PO 系数	模型 5 PO t值
Constant	2.47***	5.09	-6.78*	-1.68	-11.43***	-4.7	-10.31***	-2.75	1.89	0.61
PIN	-0.43	-1.24	0.11	0.13	1.32**	2.28	2.09***	2.85	2.95***	4.33
PFY	-0.26	-1.16	0.76	0.59	2.52**	2.39	-0.87**	-2.5	-0.24	-0.75
BETA	-1.67***	-3.94	-0.47	-1.01	-0.31	-1.09	0.55	0.9	-0.10	-0.29
LEV	0.19***	3.39	-1.45*	-1.67	-2.66***	-5.22	-1.50	-1.58	1.01	1.47
GWH	-0.62***	-3.9	0.32***	2.71	0.34**	2.21	-0.02	-0.17	-0.42	-1.15
SOE	-2.26***	-3.53	-1.08***	-3.72	-0.12	-0.64	0.60	1.36	-1.20***	-5.5
RNT	-0.68***	-2.63	-4.98***	-4.58	-0.89	-1.18	-0.97	-0.76	-3.33***	-3.81
BH	0.37***	4.26	-0.21	-0.43	-0.87***	-2.65	0.026	0.06	-0.89**	-2.17
SIZE	-0.038	-0.28	0.53***	2.81	0.47***	4.33	0.25	1.37	-0.09	-0.66
EXCH			0.11	0.39	0.24	1.44	0.28	0.83	-0.42**	-2.1
N	1095		1002		1095		1014		1050	
Pseudo-R²	0.069		0.212		0.122		0.105		0.125	

注：*、**和***分别代表在10%、5%和1%水平统计显著（双尾检验）。每个模型都已经控制了行业、年份和批次，由于篇幅缘故没有列示。第2、第4和第5个方程的样本量不是1095，原因是进行Logit回归时一些样本被自动剔除。

改承诺的时候,关心注资承诺和其他承诺:注资承诺有利于改善上市公司的资产结构,提升上市公司的经营绩效;其他承诺中包含类似于并购、重组以及管理层激励的承诺,这些都有利于改善公司治理,提高企业价值。

表4—7的模型3表明机构投资者持股比例与分红承诺的可能性在5%的显著性水平上正相关。正如许年行、张华、吴世农(2008)研究发现分红承诺是一种利空的信号,分红承诺并不能明显地提升企业价值,所以机构投资者在增加上市公司分红承诺可能性上的作用并不是太显著。

最后,表4—7的模型2表明机构投资者持股比例和增持承诺的可能性虽然有正相关关系,但并不显著。这可能是由于我国上市公司股权结构最大特点是一股独大。股权过度集中更有可能出现大股东侵害小股东的代理问题。为了减少这方面的代理成本,机构投资者可能不会要求上市公司大股东作出增持承诺。

3. 机构投资者持股比例与累计超额报酬率

本章利用下列模型检验假设3,结果见表4—8。

模型 B:$CAR_i = \beta_0 + \beta_1 \cdot PIN_i + \sum_{j=2}^{n} \beta_{ij} \cdot controls_{ij} + \varepsilon_i$

CAR是指股改方案实施日前后几个交易日的累计超额报酬率。我们使用3个累计超额报酬率数据:$CAR3$和$CAR5$、$CAR11$(分别表示股改方案实施日前后3天、5天、11天的累计超额报酬率)。表4—8显示,股改方案实施日前后3天、5天、11天的累计超额报酬率与机构投资者持股比例显著正相关,与我们的假设3A相符。结果表明,市场普遍认为在股改过程中,机构投资者起到了积极的作用,能从公司长远角度提出有利于公司发展的股改对价方案,验证了 Pound(1988)提出的有效监督假说。从系数上看,机构投资者持股比例每增加1%,市场累计超额报酬率在方案实施日前后三天是0.0862%,前后五天是0.0847%,前后11天是0.0899%,且都统计上显著。表明对于机构持股越高的公司所提出的对价方案,市场有着越大的正面反应。

表 4—8 机构投资者持股比例与累计超额报酬率回归结果

	模型 1 CAR3 系数	t 值	模型 2 CAR5 系数	t 值	模型 3 CAR11 系数	t 值
Constant	0.318	1.53	0.311	1.5	0.348	1.64
PIN	0.0862*	1.93	0.0847*	1.89	0.0899*	1.94
SIZE	−0.0153	−1.52	−0.0151	−1.5	−0.0169	−1.64
PB	−0.00438	−1.37	−0.00493*	−1.69	−0.00440*	−1.83
LEV	0.0629	1.29	0.0754	1.53	0.0841*	1.67
BH	0.0947**	2.4	0.0949**	2.5	0.0897**	2.41
Ye06	0.0475***	4.34	0.0488***	4.37	0.0790***	6.53
Ye07	0.554***	7.68	0.574***	8.01	0.633***	8.89
N	1095		1095		1095	
Adj. R^2	0.265		0.274		0.282	

注:*、**和***分别代表在10%、5%和1%水平统计显著(双尾检验)。

三、稳健性检验

机构投资者是一个很广泛的群体,包括基金、保险公司、合格境外机构投资者(QFII)、券商、社保基金和信托公司等金融机构。而基金是现阶段我国股票市场上最主要的机构投资者,为了增强研究结论的稳健性,我们检验了基金持股比例和股改对价的关系、基金持股比例和股改承诺的关系以及基金持股比例与股改方案实施日累计超额回报率的关系,研究结果与前面的结论一致(详见表4—9、表4—10、表4—11)。

表4—9　基金持股比例与股改对价回归结果

	模型1 系数	t值	模型2 系数	t值	模型3 系数	t值
Constant	3.152***	4.8	1.972***	3.33	1.748***	2.86
PFD	-2.222***	-4.38	-3.024***	-7.07	-2.675***	-6.23
PFDSQ	2.469**	2.34	3.852***	4.14	3.446***	3.79
PFY	0.000372	0			-0.127	-0.6
BETA	0.263***	2.8			0.162*	1.93
LEV	0.085	0.58			0.145	1.15
GWH	-0.139***	-4.78			-0.0898***	-3.86
SOE			0.384***	7.51	0.389***	7.85
RNT			3.328***	15.92	3.302***	15.84
BH			0.525***	5.7	0.484***	5.94
SIZE	-0.0155	-0.53	-0.0456*	-1.77	-0.0447	-1.64
EXCH	0.0686	1.45	-0.017	-0.43	-0.0161	-0.41
PICI	-0.172	-0.95	-0.119	-0.76	-0.116	-0.73
Ye06	-0.343***	-5.45	-0.296***	-5.31	-0.325***	-5.68
Ye07	-0.694***	-4.92	-0.566***	-5.08	-0.675***	-5.17
Industry	控制变量		控制变量		控制变量	
N	1095		1095		1095	
Adj. R^2	0.104		0.338		0.347	

注:*、**和***分别代表在10%、5%和1%水平统计显著(双尾检验)。

表4—10 基金持股比例与股改承诺回归结果

	模型1 PT 系数	模型1 PT t值	模型2 PI 系数	模型2 PI t值	模型3 PD 系数	模型3 PD t值	模型4 PC 系数	模型4 PC t值	模型5 PO 系数	模型5 PO t值
Constant			-7.118*	-1.78	-11.67***	-4.79	-10.69***	-2.84	1.789	0.57
PFD	2.521***	4.42	-0.553	-0.53	1.159**	1.66	1.905**	1.94	3.621***	4.43
PFY	-0.38	-1.04	1.038	0.75	2.736**	2.52	-0.833**	-2.4	-0.206	-0.65
BETA	-0.297	-1.31	-0.506	-1.1	-0.334	-1.17	0.518	0.84	-0.11	-0.31
LEV	-1.705***	-4.04	-1.513*	-1.74	-2.684***	-5.28	-1.570*	-1.69	1.031	1.51
GWH	0.197***	3.44	0.318***	2.72	0.342**	2.18	-0.0123	-0.1	-0.433	-1.17
SOE	-0.638***	-3.99	-1.081***	-3.7	-0.128	-0.67	0.588	1.35	-1.228***	-5.61
RNT	-2.275***	-3.56	-4.963***	-4.56	-0.916	-1.21	-1.019	-0.81	-3.400***	-3.86
BH	-0.647**	-2.55	-0.212	-0.44	-0.864***	-2.63	0.0305	0.07	-0.874**	-2.13
SIZE	0.395***	4.51	0.548***	2.95	0.482***	4.47	0.273	1.52	-0.0854	-0.62
EXCH	-0.0243	-0.18	0.116	0.43	0.247	1.5	0.304	0.89	-0.405**	-2.01
PICI	-0.48	-1.41	-2.368***	-4.46	1.435***	2.74	1.15	1.58	0.254	0.33
Ye06	0.0619	0.32	-0.724**	-2.14	0.314	1.34			0.206	0.63
Ye07	0.127	0.39			0.101	0.22	2.191***	2.64	0.185	0.36
Industry	控制变量		控制变量		控制变量		控制变量		控制变量	
N	1002		1095		1095		1014		1050	
Pseudo-R^2	0.065		0.212		0.12		0.101		0.126	

注：*、**和***分别代表在10%、5%和1%水平统计显著（双尾检验）。
第2、第4和第5个方程的样本量不是1095，原因是进行Logit回归时一些样本被自动剔除。

表4—11　基金持股比例与累计超额报酬率回归结果

	模型1 CAR3 系数	t值	模型2 CAR5 系数	t值	模型3 CAR11 系数	t值
Constant	0.326	1.58	0.326	1.58	0.355*	1.68
PFD	0.116**	2.19	0.122**	2.3	0.118**	2.14
SIZE	-0.0157	-1.57	-0.0158	-1.58	-0.0171*	-1.67
PB	-0.00458	-1.43	-0.00521*	-1.78	-0.00458*	-1.89
LEV	0.0642	1.32	0.0777	1.59	0.0851*	1.7
BH	0.0953**	2.41	0.0958**	2.52	0.0903**	2.43
Ye06	0.0475***	4.34	0.0489***	4.37	0.0791***	6.52
Ye07	0.554***	7.68	0.574***	8.01	0.633***	8.89
N	1095		1095		1095	
Adj. R^2	0.265		0.275		0.282	

注：*、**和***分别代表在10%、5%和1%水平统计显著（双尾检验）。

表4—4的变量描述性统计表明无论是财务指标等控制变量还是机构投资者持股比例都存在较显著的异常值。异常值的存在可能会影响本章结论的稳健性。为了排除异常值对结论的影响，我们对所有连续性变量进行了 Winsorize 处理①。我们用 Winsorizeied 和重复过的数据对实证结果重新进行了检验，研究结论仍然没有改变（见表4—12、表4—13、表4—14）。

表4—12　机构投资者持股比例与股改对价回归结果（Winsorized 样本）

	模型1 系数	t值	模型2 系数	t值	模型3 系数	t值
Constant	3.035***	4.39	1.748***	2.76	1.532**	2.37
WPIN	-2.088***	-4.07	-2.653***	-5.85	-2.345***	-5.2
WPINSQ	1.901*	1.84	2.777***	2.98	2.480***	2.69
WPFY	0.0461	0.21			-0.162	-0.8

---

① Winsorize 的数据的比例为1%和99%。对变量进行 Winsorize 即将变量1%分位数以下和99%分位数以上的变量取值用1%分位数和99%分位数上的值代替。

续表

WBETA	0.234**	2.5			0.142*	1.7
WLEV	0.0804	0.54			0.114	0.92
WGWH	-0.219***	-2.82			-0.135**	-2.13
WSIZE	-0.00526	-0.17	-0.0334	-1.2	-0.0305	-1.06
EXCH	0.0723	1.53	-0.00798	-0.2	-0.0106	-0.27
PICI	-0.157	-0.88	-0.112	-0.71	-0.108	-0.68
SOE			0.372***	7.24	0.377***	7.49
WRNT			3.352***	15.93	3.333***	15.85
BH			0.506***	5.59	0.474***	5.61
Ye06	-0.364***	-5.67	-0.304***	-5.37	-0.341***	-5.8
Ye07	-0.717***	-5.29	-0.578***	-5.24	-0.689***	-5.45
Industry	控制变量		控制变量		控制变量	
N	1095		1095		1095	
R^2	0.131		0.355		0.365	
Adj. R^2	0.113		0.343		0.35	

注：*、**和***分别代表在10%、5%和1%水平统计显著（双尾检验）。

表4—13 机构投资者持股比例与累计超额报酬率回归结果（Winsorized 样本）

	模型1 WCAR3		模型2 WCAR5		模型3 WCAR11	
	系数	t值	系数	t值	系数	t值
Constant	0.137	0.95	0.147	0.97	0.227	1.35
WPIN	0.0747*	1.81	0.0743*	1.77	0.0827*	1.88
WSIZE	-0.00628	-0.92	-0.00681	-0.95	-0.0103	-1.31
WPB	-0.00231	-0.67	-0.00373	-1.05	-0.00492	-1.33
WLEV	0.0245	0.81	0.039	1.23	0.051	1.47
BH	0.0569**	2.57	0.0616***	2.81	0.0607***	2.63
Ye06	0.0555***	5.4	0.0552***	5.14	0.0822***	6.8
Ye07	0.443***	12.41	0.465***	12.61	0.523***	13.61
N	1095		1095		1095	
Adj. R^2	0.277		0.283		0.286	

注：*、**和***分别代表在10%、5%和1%水平统计显著（双尾检验）。

表4—14 机构投资者持股比例与股改承诺回归结果（Winsorized 样本）

	模型1 PT		模型2 PI		模型3 PD		模型4 PC		模型5 PO	
	系数	t值	系数	t值	系数	t值	系数	t值	系数	t值
Constant	2.560***	5.18	−7.842*	−1.86	−12.68***	−5.14	−11.52***	−2.66	2.163	0.66
WPIN	−0.222	−0.43	0.115	0.12	1.410**	2.37	2.047**	2.43	3.246***	4.52
WPFY	−0.228	−0.99	0.868	0.61	2.370**	2.18	−0.646	−0.64	−0.46	−0.75
WBETA	−1.633***	−3.72	−0.32	−0.67	−0.264	−0.9	0.591	0.97	−0.165	−0.46
WLEV	0.131	0.62	−1.516	−1.63	−2.846***	−5.33	−1.432	−1.4	1.053	1.46
WGWH	−0.661***	−4.13	0.301	0.73	0.521**	2.04	0.0619	0.14	−0.561	−1.49
SOE	−2.399***	−3.67	−1.123***	−3.86	−0.157	−0.82	0.469	1.12	−1.207***	−5.52
WRNT	−0.669***	−2.64	−5.240***	−4.66	−0.923	−1.19	−1.174	−0.92	−3.509***	−3.88
BH	0.402***	4.47	−0.236	−0.5	−0.897***	−2.79	0.0956	0.23	−0.855**	−2.16
WSIZE	−0.0287	−0.21	0.579***	2.96	0.525***	4.78	0.306	1.46	−0.0928	−0.64
EXCH	−0.513	−1.51	0.132	0.49	0.252	1.51	0.258	0.77	−0.425**	−2.12
PICI	0.0909	0.46	−2.356***	−4.39	1.432***	2.7	1.204	1.63	0.144	0.20
Ye06	0.204	0.6	−0.727**	−2.17	0.346	1.46	0.175		
Ye07					0.159	0.35	2.398***	2.91	0.123	0.24
Industry	控制变量		控制变量		控制变量		控制变量		控制变量	
N	1095		1002		1095		1014		1050	
Pseudo-R^2	0.07		0.209		0.125		0.099		0.128	

注：*、**和***分别代表在10%、5%和1%水平统计显著（双尾检验）。第2、第4和第5个方程的样本量不是1095，原因是进行Logit回归时一些样本被自动剔除。

第四章　股权分置改革与机构投资者的积极行为

本章小结

机构投资者对资本市场的作用一直是经济学、金融学研究的重要问题,也是我国经济发展过程中关系资本市场健康稳定发展的重要问题。在我国从计划经济体制向社会主义市场经济体制转型的过程中,股票市场自其诞生之日起便不可避免地带有很多"中国特色"。众多学者称其是"新兴加转轨"的股票市场。因此,与国外成熟的市场相比,我国机构投资者对资本市场的作用更为复杂。本章通过股权分置改革这一独特视角,通过收集2005—2007年股权分置改革期间上市公司的财务数据,研究了股权分置改革过程中机构投资者发挥的作用以及在后股改时期机构投资者对公司价值的影响。

本章的实证研究发现,机构投资者持股比例与股改对价之间存在正"U"形关系;机构投资者持股比例越高的公司,越有可能做出有利于公司长远发展的各种承诺;股改方案公告日前后的超额回报率与机构投资者持股比例正相关。研究表明,机构投资者在股权分置改革中发挥了积极作用,维护了中小投资者的利益,这验证了 Pound (1988)提出的有效监督假说。同时,机构投资者在股权分置改革中发挥积极作用还有一定的前提条件:机构投资者持股比例必须达到一定的比例,超过该比例后,机构投资者与普通投资者利益协同的作用高于与公司合谋的作用。这意味着要发挥机构投资者在公司治理中的作用,必须进一步提高机构投资者的持股比例。因此本章的启示是,监管层应当继续大力支持机构投资者的发展,让机构投资者积极参与到公司治理过程中,从而形成对公司控股股东、高管人员的有效监督,促进我国资本市场的长期健康发展。

第五章　股权分置改革、控制权价值与利益侵占[*]

　　股权分置改革是如此重要的一场改革,我们却很少看见基于大样本的政策实施效果的研究。如果说股权分置改革旨在解决由股权分置导致的股东之间利益分置的问题,将上市公司控制性非流通大股东的利益取向纠正向公司价值的本身,那么股改的目的达到了吗?本章将就这一命题进行严格的实证研究,寻找答案。

　　本章利用中国家族上市公司股权分置改革前后的季度时间数据,实证研究股份全流通纠正终极控制者利益取向的有效性,进而对股改的公司治理效果做出判断。本章的研究表明:股权分置改革的确导致了大部分家族终极控制权的下降,不过也存在一些家族终极控制者通过收购股权、定向增发等形式来巩固对上市公司的控制权;在利益侵占领域,股改之后家族终极控制者掏空上市公司的程度显著下降;进一步研究发现,股改之后家族终极控制者的掏空动机被显著削弱。全流通确实有效地纠正了上市公司终极控制者的利益取向。

---

[*] 本章的主要部分发表在《经济研究》2008 年第 8 期。

第一节 理论分析与研究假设

LLSV(1999)开创性的研究发现公司治理研究领域一直信奉的广泛持有型(Widely-Held)股权结构仅存在于英、美两国,世界上大多数国家的上市公司都被大股东所控制,且控制的主要手段就包括金字塔式股权结构(Pyramidal Ownership Structure)。在金字塔式股权结构下,上市公司终极控制者的典型特征是终极控制权(Ultimate Control Rights)与现金流权(Cash-Flow Rights)的不对等,导致终极控制者私人收益与上市公司市场价值的不一致,终极控制者会为了获取私人利益而不惜损害上市公司的整体利益。[1] 金字塔式持股结构成为终极控制者索取控制权私有收益的有用工具(Claessens,Djankov and Lang,2000;Faccio and Lang,2002)。

上市公司终极控制者掏空的手段层出不穷,其中最典型的包括"隧道输送"[2]、股利政策、过度负债、管理者安排等(金雪军等,2005)。限于篇幅,本章的研究将仅限定于过度负债。Faccio、Lang和Yong(2001)指出在美国公司中,债务的存在会约束管理者的行

---

[1] 根据LLSV(1999)、Claessens、Djankov和Lang(2000)等经典文献的定义,在金字塔式的持股结构下,金字塔最顶端的股东称之为上市公司终极控制者(Ultimate Controllers)。假定某家族A通过持股比例 $\alpha(0<\alpha<1)$ 实现对B公司的控制,而B公司又通过持股比例 $\beta(0<\beta<1)$ 实现对上市公司C的控制,那么家族A(终极控制者)对上市公司C的现金流权等于 $\alpha \cdot \beta$,而对C的终极控制权(指家族A对上市公司C的控制权)是 $Min(\alpha,\beta)$,"A—B—C"构成了一条控制链,其中B是上市公司的表层大股东。显然,终极控制权是大于现金流权的。

[2] Johnson、La Porta、Lopez-de-Silanes和Shleifer(2000)对"隧道输送"(Tunnelling)的定义是处于金字塔顶端的终极控制者将底端公司的利润或资产转移以增加自己的收益。

为,债权人甚至可以迫使管理者失去工作并贬损其声誉。但是,在金字塔结构中,终极控制者通过公司之间复杂的网络关系使得债务关系变得复杂,甚至违约也不会影响到终极控制者在金字塔结构中的地位。相反,高的债务比例反而增加了终极控制者所控制的资源,从而有利于其更多地掏空上市公司。Bianco 和 Nicodano(2006)认为因为股东"有限责任"的存在,终极控制者可以通过那些业绩较差子公司的破产来保护另一些对自己重要的公司并提高它们的价值。因此,在那些破产成本越高的国家,金字塔股权结构存在的价值就越大。Du 和 Dai(2005)通过对东亚上市公司的分析,发现终极控制者持有的现金流权比例越小越倾向于外部融资以维持自己的控股地位,并增加自己可以控制的资源,不过这也导致了上市公司风险的增加,作者进一步认为这样高风险的资本结构导致了东亚上市公司在 1997—1998 年金融危机中的不堪一击。

中国的资本市场起步较晚,但发展较快,大部分上市公司都被控制者通过层层控制链条所控制,尤其是对于家族上市公司(刘芍佳等,2003;张华等,2004;苏启林和朱文,2003)。Chen、Chen 和 Chen(2006)认为上市公司的母公司会通过上市公司外部债务融资来增加可以掏空的资源,且上市公司会积极利用配股等股权融资为债务融资担保。李增泉等(2004;2005)证实了上市公司控股股东对上市公司资金的掏空。何丹和朱建军(2006)认为当控股股东所持股份为非流通时,其股权价值并不直接受二级市场股价的影响,导致控股股东对中小股东利益的损害。王鹏和周黎安(2006)发现在金字塔结构下,终极控制者的控制权有负的掏空效应,现金流权则有正的激励效应,随着两者分离程度的增加,公司业绩也下降。武立东等(2007)也认为随着控制权和现金流权偏离程度的增加,终极控制者实施掏空行为的激励会增强。以上的研究基本上都是基于股权分置时代的数据,当股份全流通之后,上市公司股价的波动会直接影响到持有原非流通股的终极控制者的利益。因此,虽然全流通之后金字塔式持股结构依然会存在,但终极控制者股权价值相对于市场价值的回归,必然对其行为产生影响,从而削弱其掏空上市公司资源的动机。

第二节 研究设计

从表5—1对股改进程的描述来看,我国股权分置改革在季度时间上是逐步推进的,这为利用计量分析中的"自然实验"和"双重差分模型"提供了机会:股权分置改革一方面制造了同一个上市公司在股改前后公司治理基础的差异,另一方面又制造了在同一时点上未股改和已经股改上市公司之间的差异,进而可以识别出政策所带来的因果效应。

表5—1 完成股改上市公司的个数(季度)

时间	2005.2	2005.3	2005.4	2006.1	2006.2	2006.3	2006.4
全部上市公司	2	44	189	276	334	219	77
家族上市公司	0	19	61	49	56	35	17

采纳双重差分模型来检验政策改革的冲击和有效性被广泛应用于多个领域,如欧洲酒后驾驶法案(Albalate,2008)、税收法案(Maki,2001;Gruber and Poterbar,1994)、残疾人和童工劳动法案(Gruber,2000;Jolls,2004)、农业租赁法案改革(Banerjee,2002)等。

近些年来,双重差分模型也被逐渐引入分析国内的制度改革有效性,如对农村税费改革的研究(周黎安和陈烨,2005)和对地区放权的研究(史宇鹏和周黎安,2007)。

借鉴上述文献,本章的计量分析模型如下式,$Debtlevel$ 是表征公司负债水平的变量,上市公司的负债水平尤其是过度负债水平是度量终极控制者掏空公司程度的重要工具。$Ifref$ 是虚拟变量,等于1或者0,分别代表对样本点是否进行"处理",也即本书所讨论的股改,对下式采用固定效应方法回归,得到的 β_1 估计系数即是双重差分的结果,如果 $\beta_1<0$,则表明全流通会导致上市公司过度负债水平降低,终极控制者对上市公司掏空程度有所降低。

$$Debtlever_{it} = \beta_0 + \beta_1 Ifref + \beta_2 O/C_{it} + \beta_3 Ifref_{it} \cdot O/C_{it} + \beta_4 Other_{it} + a_i + u_t + \varepsilon_{it}$$

另一方面,我们还从金字塔结构出发来判断终极控制者的掏空动机的变化,上式中 O/C 越小表明现金流权相对控制权分离程度越高,终极控制者更有动机去掏空上市公司,在本章的分析框架中表现的是更高的上市公司过度负债($\beta_2<0$);交互项 $Ifref \cdot O/C$ 表示股改前后终极控制者掏空动机的变化,如果终极控制者的利益取向在全流通之后能有所回归于公司价值本身,那么 β_3 应该表现出与 β_2 相反的关系,即 $\beta_3>0$;$Other$ 表示其他还会影响公司负债水平的变量,主要包括财务状况、资产特征、公司规模和公司治理等等;a_i 表示个体 i 不随时间而改变的特征;u_t 表示时间的固定效应。当然,为了避免共线性问题,我们会对其分开检验。

依据上市公司终极控制者的身份,大体上可以将中国上市公司分为家族和政府终极控制两大类(还有少量的外资、职工持股会等其他终极控制者身份),本章仅选取 2005—2006 年度终极控制者为家族的上市公司为研究样本(共300家),主要考虑政府控制的上市公司面临过多的行政干预,常常导致企业管理行为行政化,相比较而言家族上市公司更符合LLSV(1999)的公司研究框架。[①]对于过度负债的度量,我们沿袭Faccio、Lang和Yong(2000)文献中的方法,将上市公司的资产负债率相对其所属行业的中值进行调整,对上市公司所属行业的分类参考中国证监会2001年4月发布的《中国上市公司行业分类指引》。对于本章计量分析中其他变量的选取和解释,可参见表5—2。所有家族上市公司的季度财务数据、公司治理数据和年度股东控制链数据均来自于国泰安CSMAR数据库和清华大学CCFR金融数据库,表5—3是对变量的描述性统计。参照LLSV(1999),对上市公司的控制权需要达到一定的阀值才可以实现(这个阀值不一定是50%,相对控股也可以实现控制),对于阀值的选取一般采用10%或者20%两种标准,本章选取10%作为阀值标准,并对控制权高于阀值的上市公司样本也专门做计量分析,目的是为了增强回归结果的稳健性。

表5—2 变量的定义与说明

符号	变量名称	定义
Debtlevel_csrc	过度负债_证监会行业	被解释变量,公司资产负债率减去按照证监会行业分类的资产负债率中值
Debtlevel_wind	过度负债_Wind行业	被解释变量,公司资产负债率减去按照Wind行业分类的资产负债率中值

[①] 譬如政府终极控制上市公司的金字塔式持股结构的建立很多都是来自于政府重组资产的需要,而并不是单纯的市场行为,而且国有上市公司的问题主要涉及国有产权的委托代理关系,把这些企业作为样本会混淆我们观察股权结构本身对企业的影响。在已有的中国上市公司控制权结构的研究中,很多都仅限于家族上市公司的研究,如苏启林和朱文(2003)、张华、张俊喜和宋敏(2004)等。

续表

Currentratio	速动比率	被解释变量,公司速动比率减去按照证监会行业分类的速动比率中值
Cash	现金流权	终极控制链上每一层所有权的乘积(%)
Control	控制权	终极控制链上最小的所有权,如果存在多条链条控制,则是所有链条上的控制权之和(%)
O/C	现金流控制权分离程度	现金流权除以控制权,越小表示现金流权相对控制权分离程度越高
Ifref	是否股改	虚拟变量,如果上市公司在这个季度完成股改则取值为1,否则,取值0。
T	股改季度虚拟变量	划分为股改之前季度(t-1)、股改当季(t0)、股改后第1季度(t1)……股改后第5季度(t5),在该季度,取值为1,否则,取值为0。
Roa	资产报酬率	上市公司季度净利润除以总资产(%)
Eps	每股收益	季度净利润除以全部股数(元)
Pb	市净率	季度最后一个交易日股价除以每股净资产
Net-Fix	净资产固定资产率	季度最后一个交易日净资产除以企业固定资产,表征企业资产结构
Infixcap	固定资产的对数	对企业固定资产(万元)取自然对数,表征企业规模
Three-Ten	股权集中度	上市公司季报公布的前三大股东(表层)占前十大股东持股比例(%)
Institute	机构持股	上市公司季报公布的机构投资者持股比例(%)

表5—3 主要变量描述性分析

变量	家族终极控制			家族终极控制且 Control >=10		
	观察值	均值	标准差	观察值	均值	标准差
Debtlevel_csrc	2040	0.149	1.0439	2018	0.153	1.0489
Debtlevel_wind	2040	0.159	1.0397	2018	0.162	1.0448
Currentratio	2032	0.216	0.8815	2010	0.204	0.8707

续表

Cash	2040	18.722	12.2762	2018	31.197	12.279
Control	2040	30.940	12.7763	2018	0.590	12.602
O/C	2040	0.593	0.2756	2018	18.849	0.2744
Ifref	2040	0.418	0.4933	2018	0.414	0.4927
Roa	2035	−0.326	6.9064	2013	−0.355	6.9373
Eps	2031	0.012	0.1920	2009	0.011	0.1925
Pb	2015	2.778	22.1938	1993	2.773	22.3156
Net-Fix	1879	4.395	33.0647	1859	4.415	33.2415
Infixcap	2039	19.376	1.3294	2017	19.378	1.3344
Three-Ten	2040	81.755	17.9424	2018	82.004	17.6613
Institute	2040	3.209	6.0405	2018	3.152	5.9901

第三节 股权分置改革与控制权价值

对价是在股改过程中，上市公司非流通股股东为了获得股份流通权，给予流通股股东的价值补偿。从实际情况来看，大部分上市公司会选择送股作为对价支付的主要形式，但是送股会导致终极控制者对上市公司所有权降低。对于那些控股股东持股比例较低，或者与第二大股东持股比例较为相近的公司，送股之后必然会带来对公司控制权的削弱，甚至威胁到控制权。为了顺利推进股改，且保有对上市公司控制权，一些送股之外的对价形式也被采纳，本节选取在 2005 年第 3 季度至 2006 年第 4 季度的所有被家族终极控制且完成股改的上市公司，共有 237 家，分析股改前后上市公司控制链特征的变化。对样本上市公司股改对价形式的归类，发现单纯送股达 210 家，占样本数的 88.61%，表明送股还是占据了对价形式的主导位置。其他的对价形式包括了权证、回购、派现、注资、资产重组、缩股等(见表5—4)。

表 5—4　家族上市公司股改方案选择

方案	权证	送股	送股回购	送股派现	送股注资	送股资产重组	缩股派现	资产重组	总计
家数	1	210	1	10	1	12	1	1	237

数据来源:Wind 股权分置改革数据库。

表 5—5 报告的是对样本公司股改前后控制权、现金流权和现金流权对控制权偏离程度(O/C)的对比分析。因为中国上市公司仅在年报公布其控制链,因此,本章选取上市公司股改实施前1年(2004 年或 2005 年)控制链作为股改前的状态;在全流通之后,控制权被削弱的终极控制者会不断采取各种形式来增强其控制权,因此本章选取 2006 年上市公司年报披露的控制链作为全流通后的状态。

表 5—5　全流通对家族上市公司控制链影响

股改前后比较	控制权 个数	控制权 比例	现金流权 个数	现金流权 比例	现金流权/控制权 个数	现金流权/控制权 比例
上升	32	13.50%	50	21.10%	99	41.77%
下降	179	75.53%	185	78.06%	94	39.66%
没有变化	26	10.97%	2	0.84%	44	18.57%
样本数	237	100%	237	100%	237	100%

数据来源:Wind 股权分置改革数据库,CSMAR 股东数据库。

由于大部分上市公司采用送股形式,全流通导致 179 家家族上市公司控制权的下降,占样本的比例达 75.53%;而控制权上升的为 32 家,约占 13.50%;控制权不变的是 26 家,约占样本的 10.97%。我们仔细对比了上市公司年报披露的控制链,结合上市公司具体的股改形式,发现如果终极控制权并不取决于表层股东,而是取决于控制链其他环节,那么股改就并没有改变公司的终极控控权。譬如鑫新股份(600373)，股改方案中全体公司非流通股股东向流通股股东每10股支付3.41股，导致终极控制者温显来对鑫新股份的持股比例从62.50%下降到50.52%，但是温显来的终极控制权还是47.50%，并没有改变(见图5—1)。

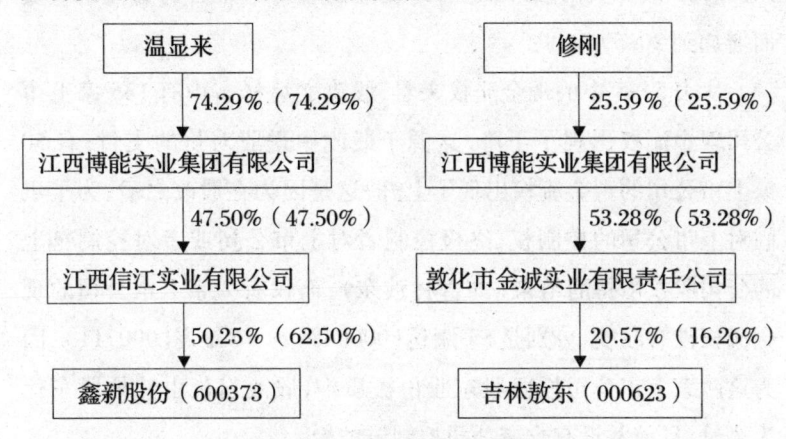

```
        温显来                              修刚
          │                                  │
    74.29%(74.29%)                    25.59%(25.59%)
          ▼                                  ▼
  江西博能实业集团有限公司          江西博能实业集团有限公司
          │                                  │
    47.50%(47.50%)                    53.28%(53.28%)
          ▼                                  ▼
   江西信江实业有限公司           敦化市金诚实业有限责任公司
          │                                  │
    50.25%(62.50%)                    20.57%(16.26%)
          ▼                                  ▼
    鑫新股份(600373)                   吉林敖东(000623)
```

图5—1　股改前后的控制链

(注：括号内、外分别表示股改前、后的持股比例，资料来源于年度报告)

大量的研究都表明控制权是有价值的，尤其在那些对投资者利益保护较弱的国家(Grossman and Hart,1980；Barclay and Holderness,1989；Dyck and Zingales,2004)。送股作为对价的主要形式，削弱了终极控制者对上市公司的控制权，威胁其可索取的控制权溢价。更值得注意的是，股份全流通使得其他股东通过市场便可轻松收购股权，直接威胁甚至争夺公司的控制权。因此，上市公司纷纷采取多种形式来避免公司控制权因为股改而受到威胁，主要形式包括：在股改前后的股权收购、定向增发和改变对价形式。在本章的样本中，截至2006年年底，有32家上市公司的控制权在全流通之后，反而出现了上升。如图5—1中的吉林敖东(000623)，2005年8月3日完成实施股权分置改革，股改方案是原非流通股股东股份按 1∶0.6074 的比例缩股,但是金诚实业在股改前通过拍卖获得吉林信托持有的 16497000 股法人股,自股改完成之日起至 2005 年 10 月 12 日,通过证券交易系统共计增持公司社会公众股 14333985 股,这样在股改之后终极控制者对上市公司的控制权反而增加到 20.57%。[①]

从表 5—5 中的现金流权来看,股改之后样本中有 185 家上市公司现金流权出现了下降,这源于股改中送股对价的支付;有 50 家上市公司的现金流权出现了上升,这是因为在股改之后,为了巩固对上市公司的控制权,终极控制者对上市公司或者对控制链上的公司股权增持的结果(如吉林敖东);而仅有 2 家上市公司的现金流权没有改变,分别是 ST 康达(000048)和 ST 雄震(000711),因为这两家上市公司控股股东股份被质押,股改对价由其他股东代为垫付,目前并没有改变公司控制链结构。

对于 O/C 变量,全流通后样本中有 99 家上市公司出现上升,有 94 家上市公司出现下降。不过有 44 家上市公司 O/C 并没有改变,这是因为如果公司的持股环节变化仅出现在最小环节上,就不会影响到 O/C 的大小。譬如图 5—1 中的吉林敖东(000623)在股改前后的 O/C 都是 0.1363。

第四节 股权分置改革、控制权价值与利益侵占

表 5—6 报告的是本章计量检验的主要结果,从 $Ifref$ 系数来

---

① 数据来源于上市公司吉林敖东(000623)2005、2006 年度报告。

看,负值表明股改带来了上市公司过度负债水平的显著降低,也即家族对上市公司的掏空程度在全流通之后存在明显下降,家族终极控制者利益取向有所回归于上市公司价值本身;进一步在金字塔结构框架下来分析,从(1)、(4)栏的 O/C 系数来看,对于全部时间样本而言,现金流权偏离控制权程度越大(O/C 越小),家族终极控制者对上市公司利益掏空越严重;因为交互项 $Ifref \cdot O/C$ 的存在,第(2)、(5)栏变量 O/C 系数表示的是股改之前($Ifref=0$)现金流权偏离控制权对上市公司过度负债的影响,其负的显著系数说明在股改之前,现金流权对控制权的偏离会导致家族对上市公司利益的掏空;$Ifref \cdot O/C$ 的系数显著为正,说明股改($Ifref$)对家族的掏空动机存在显著影响,即对于相同的现金流权偏离控制权程度变化,全流通之后家族对上市公司掏空程度的变化会有显著降低,家族终极控制者的利益取向发生明显回归;从第(3)、(6)栏的 $t \cdot o/c$ 系数来看,在股改之前,O/C 的系数显著为负,在股改之后的各期,O/C 的系数绝对值存在明显下降,且仅在股改之后第三期有显著影响,也表明在股改之后,现金流权偏离控制权对家族掏空行为的影响有所降低,更进一步说明了家族终极控制者的利益取向存在明显回归。

表5—6 全流通与家族上市公司利益侵占:基于证监会行业分类标准

解释变量	家族终极控制			家族终极控制且 Control >=10		
	(1)	(2)	(3)	(4)	(5)	(6)
Ifref	-0.0888***	-0.1583***	-0.1702***	-0.0904***	-0.1579***	-0.1698***
	(-3.53)	(-3.50)	(-3.55)	(-3.54)	(-3.45)	(-3.51)
O/C	-0.1921**	-0.2400***		-0.1998**	-0.2447***	
	(-2.36)	(-2.81)		(-2.37)	(-2.78)	
Ifref·O/C		0.1128*			0.1108*	
		(1.85)			(1.78)	
t-1·O/C			-0.2471***			-0.2520***
			(-2.88)			(-2.84)

续表

t0·O/C			−0.1245 (−1.34)			−0.1307 (−1.36)
t1·O/C			−0.1212 (−1.31)			−0.1280 (−1.33)
t2·O/C			−0.1089 (−1.15)			−0.1154 (−1.18)
t3·O/C			−0.1647* (−1.66)			−0.1734* (−1.69)
t4·O/C			−0.1648 (−1.46)			−0.1709 (−1.46)
t5·O/C			−0.2040 (−1.22)			−0.2119 (−1.25)
Roa	−0.0363 (−13.75)	−0.0363 (−13.78)	−0.0363 (−13.72)	−0.0363 (−13.66)	−0.0363 (−13.68)	−0.0363 (−13.63)
Eps	0.7980*** (10.31)	0.8006*** (10.35)	0.7998*** (10.26)	0.7983*** (10.24)	0.8006*** (10.27)	0.7999*** (10.18)
Pb	0.0012*** (3.34)	0.0012*** (3.26)	0.0012*** (3.20)	0.0012*** (3.31)	0.0012*** (3.23)	0.0012*** (3.17)
Net-Fix	−0.0012*** (−4.65)	−0.0012*** (−4.66)	−0.0012*** (−4.64)	−0.0012*** (−4.63)	−0.0012*** (−4.63)	−0.0012*** (−4.61)
Infixcap	−0.2586*** (−8.59)	−0.2589*** (−8.60)	−0.2549*** (−8.36)	−0.2589*** (−8.54)	−0.2593*** (−8.56)	−0.2552*** (−8.31)
Three-Ten	0.0004 (0.46)	0.0004 (0.49)	0.0004 (0.46)	0.0004 (0.44)	0.0004 (0.46)	0.0004 (0.42)
Institute	−0.0008 (−0.36)	−0.0009 (−0.41)	−0.0006 (−0.27)	−0.0007 (−0.31)	−0.0008 (−0.34)	−0.0005 (−0.21)
Constant	5.1378*** (8.66)	5.1691*** (8.72)	5.0937*** (8.50)	5.1510*** (8.62)	5.1832*** (8.68)	5.1070*** (8.46)
N	1851	1851	1851	1831	1831	1831
Adj. R²	0.23	0.23	0.23	0.23	0.23	0.23

注:括号内为t值,***表示在1%水平上显著,**表示在5%水平上显著,*表示在10%水平上显著。控制了时间虚拟变量。

进一步观察表5—6报告的其他相关控制变量的系数,从公司业绩和资产规模变量来看,资产报酬率(Roa)越高或公司规模(Infixcap)越大,公司的过度负债越小;而每股收益(Eps)和市净率

(Pb)与上市公司过度负债表现出显著的正向关系;上市公司资产中固定资产比例($Net\text{-}Fix$)越高,则越容易发生掏空;上市公司表层股权集中度($Three\text{-}Ten$)并不会对过度负债水平产生显著的影响,进一步说明了单纯从表层持股比例来度量上市公司控制权的局限性,因为在金字塔式的持股结构下,多个表层股东很可能最终被同一个终极控制者所控制;从变量 Institute 系数来看,机构投资者也没有对终极控制者掏空上市公司的行为表现出明显的约束,机构投资者的力量还不足以制约家族终极控制者的掏空动机。

从以上分析来看,过度负债是本章用来度量终极控制者对上市公司掏空程度的重要变量,对过度负债的计算是否合理与我们计量结论的稳健性紧密相关,这又取决于基于行业分类的负债水平中值的合理选取。对于中国上市公司的行业分类常常会有不同的标准,除了上述采用的中国证监会颁布的《上市公司行业分类指引》,还有一个较常被采用的是 Wind 公司的行业分类标准,而且两种标准对同一上市公司行业划分往往存在较大差异,如亚泰集团(600881)在证监会行业分类中划为综合类,而在 Wind 行业分类中划分为材料类。为了进一步提高以上计量检验结果的稳健性,我们选取了 Wind 的行业分类标准(二级行业代码),按照此标准对每个行业取负债水平的中值,再计算每个上市公司的过度负债。

表 5—7 报告的是在 Wind 行业分类标准下的计量检验结果。发现 $Ifref$ 的系数显著为负,表明股改显著降低了上市公司过度负债水平,降低了家族终极控制者对上市公司的掏空程度;(2)、(5)栏的 O/C 系数显著为负,表明金字塔结构下的掏空在股改之前还是存在的,而 $Ifref \cdot O/C$ 显著为正的系数,表明全流通显著改变了

家族的掏空动机。进一步从 t 与 O/C 的交叉项来看,现金流权偏离控制权对于过度负债的影响仅存在于股改之前,在股改之后并不显著,表明全流通有效地纠正了家族终极控制者的利益取向,不再因为金字塔结构下的现金流权与控制权的偏离,而产生对上市公司利益掏空的动机。

表5—7 全流通与家族上市公司利益侵占:基于 Wind 行业分类标准

解释变量	家族终极控制			家族终极控制且 Control >=10		
	(1)	(2)	(3)	(4)	(5)	(6)
Ifref	-0.0872*** (-3.46)	-0.1586*** (-3.51)	-0.1684*** (-3.51)	-0.0889*** (-3.47)	-0.1578*** (-3.45)	-0.1679*** (-3.46)
O/C	-0.1927** (-2.37)	-0.2419*** (-2.83)		-0.2001** (-2.37)	-0.2460*** (-2.79)	
Ifref·O/C		0.1158* (-1.90)			0.1131* (-1.81)	
t-1·O/C			-0.2476*** (-2.88)			-0.2521*** (-2.84)
t0·O/C			-0.1247 (-1.34)			-0.1310 (-1.36)
t1·O/C			-0.1210 (-1.31)			-0.1279 (-1.33)
t2·O/C			-0.1065 (-1.13)			-0.1134 (-1.16)
t3·O/C			-0.1611 (-1.63)			-0.1703* (-1.66)
t4·O/C			-0.1533 (-1.35)			-0.1607 (-1.38)
t5·O/C			-0.1901 (-1.13)			-0.1984 (-1.17)
Constant	5.0931*** (8.58)	5.1252*** (8.64)	5.0622*** (8.44)	5.1053*** (8.54)	5.1383*** (8.60)	5.0732*** (8.40)
N	1851	1851	1851	1831	1831	1831
Adj. R^2	0.23	0.23	0.23	0.23	0.23	0.23

注:括号内为 t 值,*** 表示在1%水平上显著,** 表示在5%水平上显著,* 表示在10%水平上显著。为节省篇幅,此表略去其他控制变量回归结果,包括时间虚拟变量、资产报酬率、每股收益、市净率、资产结构、企业规模、股权结构和机构持股比例。

在上市公司债务构成中,短期债务往往更能引起关注,短期负债率过高,非常容易造成还款紧张、资金短缺、盈利降低直至无法还钱的恶性循环。根据传统委托代理理论,短期债务有利于消减公司自由现金流量,并通过提高破产的可能性增加对管理者的经营激励。不过在金字塔式的持股结构下,上市公司最大的委托代理问题来自终极控制者和中小股东,上市公司的短期债务安排不再是为了有效约束管理者,而是为了迎合终极控制者掏空上市公司的需要。为了增强本章前述结论的稳健性,我们选取上市公司速动比率(流动资产减去存货净值再除以流动负债)来研究在全流通之后家族终极控制者利益取向是否发生了改变。

表 5—8 报告的是在证监会行业分类标准下的实证研究结果,从(2)、(3)、(5)、(6)栏的 $Ifref$ 的系数来看,股改之后上市公司速动比率存在明显上升,表明股改之后上市公司短期偿债能力得到提高,公司更加稳健,也表明家族终极控制者掏空上市公司的程度发生显著降低。从 O/C 系数来看,终极控制者现金流权越偏离控制权(O/C 越小),则上市公司速动比例越小,上市公司短期负债占流动资产的比例越大,上市公司破产风险也越大。而 $Ifref \cdot O/C$ 的系数表明,全流通对 O/C 的系数有显著负向影响,表明在全流通之后,终极控制者的利益取向有所回归于上市公司价值本身。进一步从 $t \cdot O/C$ 的系数来看,在全流通之后的各期,现金流权偏离控制权对上市公司速动比率影响不再显著,家族终极控制者掏空上市公司的动机被显著削弱。

表5—8 全流通与家族上市公司利益侵占:以速动比率为被解释变量

解释变量	家族终极控制			家族终极控制且 Control > =10		
	(1)	(2)	(3)	(4)	(5)	(6)
Ifref	−0.0093	0.2166***	0.1779***	−0.0043	0.2050***	0.1701***
	(−0.28)	(3.69)	(2.86)	(−0.13)	(3.48)	(2.73)
O/C	0.3243***	0.4793***		0.3298***	0.4684***	
	(3.04)	(4.32)		(3.02)	(4.13)	
Ifref·O/C		−0.3672***			−0.3445***	
		(−4.63)			(−4.29)	
t−1·O/C			0.4526***			0.4452***
			(4.05)			(3.90)
t0·O/C			0.1372			0.1379
			(1.14)			(1.11)
t1·O/C			0.1270			0.1474
			(1.05)			(1.19)
t2·O/C			0.1205			0.1405
			(0.98)			(1.11)
t3·O/C			0.0426			0.0694
			(0.33)			(0.52)
t4·O/C			−0.0962			−0.0837
			(−0.65)			(−0.56)
t5·O/C			0.0507			0.0723
			(0.23)			(0.33)
Constant	7.2538***	7.1120***	6.8754***	7.2614***	7.1216***	6.8957***
	(8.86)	(8.74)	(8.35)	(8.90)	(8.77)	(8.39)
N	1846	1846	1846	1826	1826	1826
Adj. R^2	0.10	0.11	0.11	0.10	0.10	0.11

注:括号内为 t 值,***表示在1%水平上显著,**表示在5%水平上显著,*表示在10%水平上显著。为节省篇幅,此表略去其他控制变量,包括时间虚拟变量、资产报酬率、每股收益、市净率、资产结构、企业规模、股权结构和机构持股比例。

对于双重差分的检验方法,Bertrand et al.(2004)认为数据的时序相关性会导致双重差分方程估计的标准误差偏低,进而导致对原假设的过度拒绝(Over-Rejection)。Bertrand et al.(2004)提出了三种方法来修正这样的估计偏差:将时序数据简单地划分为政策冲击前后两个时间段、在回归中考虑协方差矩阵和随机推断

(Randomization Inference),并认为随机推断的方法可以不受样本大小的限制而完全纠正标准误估计的偏差。本章采纳随机推断方法,以增强上述结论的稳健性。

表5—9报告的是随机推断的回归结果。其具体过程是:按照家族上市公司股票代码从小到大排序,每次挑选40只股票,第一次选择序号1—40的股票,第二次选择序号为5—45的股票,以此为规则选择至序号260—300股票,共得到53个子样本,分别对每个子样本按(1)式进行回归,取所有回归得到的估计系数的均值,并检验其是否显著不等于零。相对于表5—6的结果,表5—9中变量 Ifref、O/C 和 Ifref·O/C 的系数显著程度并没有明显下降,表明本章的主要结论还是很稳健的。从 t 和 O/C 的交互项来看,与表5—6不同的是,在股改之后的第4和第5季度,现金流权偏离控制权才不会对过度负债有显著影响,不过与股改之前相比,随后各期 O/C 系数的绝对值都呈明显降低,表明现金流权偏离控制权对过度负债影响程度有所降低。因此,总的来说,利用随机推断方法得到的结果还是可以充分支持本文的结论:全流通能够有效地纠正家族上市公司终极控制者的利益取向。

表5—9 全流通与家族上市公司过度负债:基于随机推断的方法

解释变量	家族终极控制			家族终极控制且 Control >= 10		
	(1)	(2)	(3)	(4)	(5)	(6)
Ifref	-0.0561***	-0.1067***	-0.1173***	-0.564***	-0.1072***	-0.1176***
	(-5.36)	(-7.40)	(-8.00)	(-5.40)	(-7.43)	(-7.98)
O/C	-0.1979**	-0.2273**		-0.1959**	-0.2245**	
	(-2.31)	(-2.57)		(-2.28)	(-2.53)	
Ifref·O/C		0.0894***			0.0902***	
		(3.34)			(3.36)	
t-1·O/C			-0.2461***			-0.2428***
			(-2.92)			(-2.87)

续表

t0·O/C			−0.1367*				−0.1325*
			(−1.94)				(−1.87)
t1·O/C			−0.1505**				−0.1466**
			(−2.02)				(−1.96)
t2·O/C			−0.1374*				−0.1326*
			(−1.84)				(−1.76)
t3·O/C			−0.1840**				−0.1783**
			(−2.42)				(−2.33)
t4·O/C			−0.0931				−0.0877
			(−1.31)				(−1.22)
t5·O/C			−0.0417				−0.0362
			(−1.64)				(−1.38)
Constant	6.6645***	6.6865***	6.5752***	6.6682***	6.6943**	6.5802***
	(3.78)	(3.80)	(3.61)	(3.79)	(3.80)	(3.61)
N	254	254	254	250	251	251
Adj. R^2	0.38	0.38	0.40	0.38	0.38	0.40

注：括号内为 t 值，*** 表示在 1% 水平上显著，** 表示在 5% 水平上显著，* 表示在 10% 水平上显著。为节省篇幅，此表略去其他控制变量，包括时间虚拟变量、资产报酬率、每股收益、市净率、资产结构、企业规模、股权结构和机构持股比例。

本章小结

本章试图回答一个问题：全流通之后，中国上市公司终极控制者的利益取向有所回归于上市公司价值本身吗？有此一问，是因为股权分置一直是中国资本市场遭受诟病的根源。从理论逻辑上说，股份全流通消除了股权的定价分置，促进了上市公司控制者利益与公司价值的相互关联，促使其利益取向回归于公司价值本身。但是，现实真的是这样的吗？

本章借助金字塔股权结构下终极控制者对上市公司掏空行为的分析框架，选取家族上市公司为研究样本，利用股权分置改革逐步推进的时间维度，构造双重差分模型来对上述问题进行严格的实证研究。从计量分析的结果来看,股改确实可以有效降低家族对其终极控制上市公司的掏空程度;进一步研究表明,在全流通之前,现金流权偏离控制权会带来家族对上市公司利益的掏空;而在全流通之后,这样的关系发生了显著变化,现金流权偏离控制权对家族的掏空行为并没有表现出明显影响。结论表明在全流通之后,家族终极控制者的利益取向相对于上市公司价值本身出现了明显的回归,股权分置改革取得了预期的改善公司治理的效果。

第六章 股权分置改革的市场效应*

在股权分置改革这一中国资本市场发展的重要事件中,有两大方面的问题亟需研究。一方面,政府与市场期望改革能够改善上市公司的股权结构与公司治理,从而提升上市公司未来经营业绩。如果股改的经济意义为市场认同,则股改后股价变化应为正(在控制相关因素后)。另一方面,流通股股东要求非流通股东支付对价。对价的本质是对非流通股全面流通产生的供应冲击引起的负向价格效应提供补偿。这样正、负两方面的价格影响是同时存在的,在实证研究中必须加以分解,分别测试。目前有关股改的研究侧重于考察对价的影响因素,而忽视了全流通的市场压力效应,也缺少关于市场对股改经济价值的预期的深入探查。

本章采用事件研究中的市场模型(Market Model)和市场调整模型(Market-Adjusted Model)对股权分置改革的短期市场反应进行考察,并通过回归分析检验股权分置改革的公司治理效应和市场扩容预期。我们的实证研究发现市场扩容对流通股股东利益存在负面影响,但总体而言公司治理的正面效应大于扩容的负面效应,股改给流通股股东带来了显著为正的累计超额收益。

---

* 本章的主要部分发表在《数量经济技术经济研究》2008 年第 9 期、《中国工业经济》2008 年第 11 期、《中国工业经济》2010 年第 2 期。

此外，在股权分置改革中公司需要进行两次停牌，本章根据这两次停牌将股改划分为股改宣告和股改实施两个事件，进而研究两个事件中是否存在超额收益以及两个事件之间的关系。研究表明，投资者在两个事件中平均都能获得正的超额收益；在股改宣告事件中，投资者更关心股改的"实惠"——对价的高低；在股改实施事件中，投资者更关心企业的"未来"——非流通股带来的扩容等。

第一节 理论模型分析

股权分置改革的根本问题在于非流通股股东和流通股股东的利益分配，其经济实质是非流通股股东通过出让部分利益（例如对价）来换取其所持股份的流通权。在此过程中，流通股股东的利益主要受三方面因素的影响：一是所获得的对价水平；二是全流通带来的公司治理改善与代理成本下降；三是全流通导致的市场扩容。其中，前两个因素对流通股股东利益具有正面影响，而第三个因素则产生负面影响。因此，股权分置改革对流通股股东利益的影响方向在理论上并不确定，需要通过理论模型和实证检验来提供相应的证据。

一、扩容压力与股权分置改革

中国的非流通股与国外的限售股有类似之处，国外的学者对限售股的研究主要支持下斜需求曲线理论。早期的许多金融学理论理想的假设股票需求曲线具有完全弹性，认为股票的均衡定价取决于其基本面而与市场供求无关。有效市场假设中的 CAPM 模型(Sharpe,1964)、APT(Ross,1976)以及 Fama-French 的三因素模型、期权定价模型等,都假设股票之间是完全替代的,通过套利后的均衡股票价格是企业内在价值的无偏估计,因此股票的需求曲线是水平的直线,股票具有完全弹性。认识到股票需求的价格弹性是公司金融的重要假设前提后,研究者对它的实证检验兴趣不断增加,却尚未找到直接的经验证据。随着对资产定价模型的检验和公司金融学的发展,许多研究者认识到股票需求的非弹性是现实市场的一个重要而不应忽视的特征,于是开始对这一假设进行实证检验。Scholes(1972)开创性地检验了内部人卖出大宗股权对股票价格的影响以及这样的供给增加所带来的价格压力,他意外发现负面信息效应是带来价格下调的主要原因。因此大股东在二级市场上一次性出售巨额股票对股价的负面影响并不完全是价格压力的后果,负面信息效应和价格压力都对股价产生负面作用。但 Scholes(1972)同时指出,股票的需求曲线可能是向下倾斜的,需要控制信息效应对其进行严格的检验。

自 Scholes(1972)提出下斜需求曲线假说以来,国外学者开始从供给曲线或需求曲线的移动两个方面检验股票非弹性假设。在供给曲线移动方面,大量的研究(Asquith and Mullins,1986;Masulis and Korwar,1986)发现股票增发后股票供应量增加,股价下跌。同样,研究者发现内部人卖出大宗股权对股票价格也有显著的负面影响(Scholes,1972;Mikkelson and Partch,1985)。然而,上述供给曲线的移动对股票价格的不利影响可能并不完全是价格压力的作用,而更有可能是不利信息披露产生的结果。根据 Myers 和 Majluf (1984)的信息不对称理论,公司管理层所掌握的信息比市场外部投资者多,公司会选择价值高估程度最大的证券或资金来源进行融资。公司管理层在股价被高估时才愿意发行股票,剥削新股民财富借此谋利,但外部投资者也深知这一点,因此,增发会向股票市场传递负面信号,引起股价的下跌。由于无法摆脱负面信息效应的干扰,研究者们至今未从供给曲线移动提供支持非弹性股票需求的直接证据。

在需求曲线移动的研究领域,多项研究试图通过考察股票被纳入和剔除出标准普尔500指数对股价的影响为证实股票非弹性需求提供证据。Shleifer(1986)检验了股票被纳入标准普尔500指数对股价的影响。他发现,在控制了信息效应和异常交易量后,股价仍然有显著上升。然而,Chen、Noronha和Singal(2004)的研究发现,股票被纳入标准普尔500指数对股价有显著的正面影响,但是股票被剔除标准普尔500指数却对股价影响不大,因此他将这一差异归结于投资者认知(Investor Recognition)。Harris和Gurel(1986)也控制了信息效应和交易量的影响,他们发现在剔除了局部反转之后仍然存在永久的股价变动。有关需求曲线移动的研究,即便能完全剔除干扰信息,也只能为股价受需求影响这一假说提供支持,而不能支持供给的压力效应。

二、公司治理与股权分置改革

中国的非流通股与国外的限售股不同之处在于全流通兼具公司治理的正面效应和价格压力的负面效应。在股权分置状况下,非流通股的市场是场外协议转让市场,而转让的价格大多以净资产为基础,这使得许多上市公司的大股东将工作重心转移到了高溢价的股权融资以及转移利润上,常常占用上市公司资金,掏空上市公司(陈晓、王琨,2005;李增泉,2004)。股改后,原国有股和法人股可以上市流通,股票的二级市场价格成为两者共同的价值判断标准。大股东关心、支持上市公司长期发展,可以和公众股股东一样通过股价上涨获得更多合法股权收益。① 因此,我们预期股权分置改革将导致上市公司的公司治理机制发生重大的变化,非流通股股东与流通股股东将从利益对立转为利益趋同,上市公司的公司治理水平和未来现金流也会相应增加。在实证研究证据方面,廖理、沈红波、郦金梁(2008)采用主成份分析法构建了包括控股股东、董事会、经理层、信息披露四个维度的公司治理指数(CGI),并研究了股权分置改革对公司治理指数的影响。他们发现股权分置改革能够提高上市公司的公司治理水平。如果市场预期股权分置改革能够对公司治理水平和企业盈利质量带来较大影响,股票需求曲线就会上移。由于需求曲线对股价的影响为正,而供给曲线的影响为负,两者没有互相干扰,这就使得我们就能控制股改的公司治理效应,从而检验股票的需求价格弹性。

三、理论模型分析

在股权分置改革的市场反应方面,我们建立股票供给和需求

---

① 在股权分置改革的过程中,上市公司的股权分置改革说明书中的第五项一般为"股权分置改革对公司治理的影响"。以北京同仁堂为例,其股改说明书的第12页:"股权分置改革将有利于公司流通股股东、非流通股股东形成统一的利益基础,有利于完善公司的治理结构,有利于公司实现市场化的制度创新、建立并完善股权激励机制,最终有利于公司的长远发展"。

模型,分析在扩容压力以及公司治理改善冲击下,流通股股东的超额收益的变化。

股权分置改革的总体效应由负向的价格压力效应和正向的公司治理效应两部分组成。股价的反应如图6—1所示,在时间t,我们假设供给曲线S_t是垂直的且股票供应量为Q_t,假设股票需求曲线是向下倾斜的且为D_t,此时的均衡价格为P_t。在时间$t+\iota$,股票供给曲线向右移动到$S_{t+\iota}$,股票需求曲线右移到$D_{t+\iota}$,ΔPs反映了由于供给量的增加价格下跌的部分,即仅仅考虑供给曲线移动的影响,ΔPo反映了由于公司治理改善价格上涨的部分,即仅仅考虑需求曲线移动的影响。股权分置改革的总体效应因此由$\Delta Ps + \Delta Po$两部分组成。

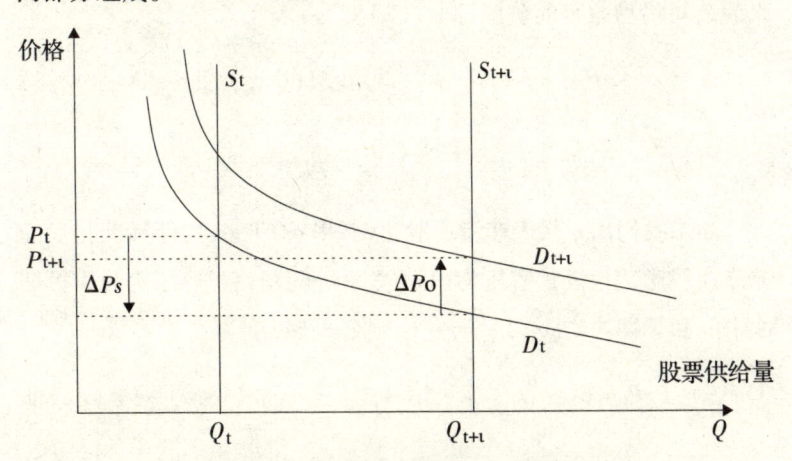

图6—1 基于供给需求框架的股权分置改革效应

为了进一步进行横截面影响因素分析,我们建立股票供给和需求理论模型以推导出流通股股东累积超额收益的影响因素。在一个典型的定价模型下,在日期t(股权分置改革的前一个交易日)

股票价格与其股票供应量密切相关：

$$\mathrm{Ln}P_t = p + \beta \mathrm{Ln}Q_t \tag{1}$$

这里 Q_t 是可以交易的股票数量，P_t 是股票的价格。这样，一段时间之后的股票价格如下所示，但是增加了 $E(r_{t,t+\iota}^{norm})$，代表假设这段期间没有发生股权分置改革的预期收益。

$$\mathrm{Ln}P_{t+\iota} = p + E(r_{t,t+\iota}^{norm}) + \beta \mathrm{Ln}Q_{t+\iota} \tag{2}$$

根据前面的分析，我们预期股权分置改革还将导致上市公司的公司治理机制发生重大的变化，非流通股股东与流通股股东将从利益对立转为利益趋同，市场还会预期未来企业绩效增加，代理成本降低，企业价值增加。如果我们用 Δgov 代表股权分置改革带来的公司治理改善的价值，则式(2)变为：

$$\mathrm{Ln}P_{t+\iota} = p + E(r_{t,t+\iota}^{norm}) + \beta \mathrm{Ln}Q_{t+\iota} + \xi \Delta gov \tag{3}$$

$$\mathrm{Ln}P_{t+\iota} - \mathrm{Ln}P_t = E(r_{t,t+\iota}^{norm}) + \beta(\mathrm{Ln}Q_{t+\iota} - \mathrm{Ln}Q_t) + \xi \Delta gov \tag{4}$$

如果我们用 q 代表非流通股比例，用 $q/(1-q)$，即标准化后的非流通股比例代表扩容压力（$\mathrm{Ln}Q_{t+\iota} - \mathrm{Ln}Q_t$），将扩容压力分为短期冲击 b 和长期冲击 $q/(1-q) - b$，则公式(4)变为：

$$\mathrm{Ln}P_{t+\iota} - \mathrm{Ln}P_t = E(r_{t,t+\iota}^{norm}) + \beta_1 b + \beta_2 \cdot \gamma \cdot (q/(1-q) - b) + \xi \Delta gov \tag{5}$$

其中，β_2 体现了市场对于远期供应冲击的效应的折现。由于流通股股东受赠 b 股，所以把 b 加入式(5)，我们得到流通股股东的累积超额收益为：

$$CAR_{(t,t+\iota)} \cong (1+\beta_1)b + \beta \cdot \gamma \cdot (q/(1-q)-b) + \xi\Delta gov ① \quad (6)$$

根据式(6),流通股股东的累积超额收益受到三方面因素的影响:一是所获得的对价水平(b);二是全流通带来的公司治理改善与代理成本下降(Δgov);三是全流通导致的长期冲击$q/(1-q)-b$。对于扩容压力和公司治理效应的相对大小,则需要采用实证检验来提供相应的证据。

第二节 股改的市场效应与股票需求价格弹性

现代公司金融核心理论中的资产定价理论CAPM(Sharpe,1964)认为,股价等于未来红利的现值,而其贴现率由股票所含系统风险和市场风险溢价决定。这一观点影响深远,并在主流金融学中拥有牢固地位。由于未来红利以及折现率与单个股票的供求无关,因而股价不随供求关系变化,股票的需求价格弹性无穷大。另外两个比较有影响的股票风险定价模型——Ross(1976)提出的套利定价模型(APT)以及Fama和French(1992)的三因子模型中,同样也没有反映股票供求关系的变量。这三大现代资产定价模型都假设,在无套利均衡的市场中,同等风险证券的投资收益率相同,对追求投资收益的投资者而言,相同风险的证券及资产组合可

[①] $CAR = \dfrac{(1+b)P_{t+\iota} - P_t}{P_t} - E(r^{norm}_{t,t+\iota}) => CAR \cong Ln(1+b) + LnP_{t+\iota} - LnP_t - E(r^{norm}_{t,t+\iota}) \cong Ln(1+b) + \beta_1 b + \beta_2 \cdot \gamma \cdot (q/(1-q)-b) + \xi\Delta gov \cong (1+\beta_1)b + \beta \cdot \gamma \cdot (q/(1-q)-b) + \xi\Delta gov$

以完全替代。因而,股票的需求价格弹性是无限大的,市场上股价的波动一般是由股票内在价值变动的信息发现引起的,而与供求和交易无关。

但是,许多研究者(Merton,1987;Miller,1977;Varian,1985)认为,上述资产定价模型忽略了供需关系对股价的影响。他们认为,供需决定价格是经济学最基本最核心的理念之一,在真实市场上,股票之间并非是完全可替代的,单个股票的价格与市场供给有关。Scholes(1972)指出,单个股票的需求曲线可能向下倾斜,即股票的需求价格弹性为负而不是无限大,这一观点对许多现代公司金融理论带来较大挑战。需求曲线向下倾斜,意味着市场参与者并不是价格接受者(Price Taker)[①],股票不仅仅受到公司基本面因素的影响,股票的"一价定律"并不适用。这一观点还对公司金融中的股利和资本结构无关论(Miller and Modigliani,1963;Modigliani and Miller,1958)提出了挑战。同样,需求曲线向下倾斜的观点还对有效市场假设带来较大冲击。

尽管研究者认识到股票的非弹性需求是现实市场的一个重要的不应忽视的特征,但是在实证检验上却尚未找到支持非弹性需求的直接证据。国外对股票下斜需求曲线的实证检验方法是通过事件研究法,检验供给曲线或需求曲线的移动对股价的影响。在供给曲线移动的研究领域,由于供给曲线是垂直的直线,如果供给增加后股价下跌,就证明了需求曲线是向下倾斜的。Scholes(1972)最早考察了股票增发对价格的影响,却意外发现股票增发

[①] 价格接受者(Price Taker),指在市场中的每一个个人(买者或者卖者),他们所面对的价格都是由市场给定的,也就是经过市场供需调整后的均衡价格。

带来的负面信息效应是价格下调的原因。由于股票增发包含了股票高估的负面消息,因此它对供给增加的负面价格压力产生干扰,研究者无法通过对股票增发这一事件的考察来明确检验股票需求价格弹性。在需求曲线移动的研究领域中,多项研究(Shleifer,1986;Harris and Gurel,1986;Dhillon and Johnson,1991)试图通过考察股票被纳入和剔除出标准普尔500指数对股价的影响来证实股票定价受需求影响。由于供给曲线垂直且不变,如果需求曲线向上移动(例如股票被纳入标准普尔500指数,股票变得更加有吸引力)后股价上涨,这也可以间接支持需求曲线向下倾斜这一假说。

中国的股权分置改革为我们检验股票非弹性需求理论提供了机会。股权分置改革后,一方面市场预期上市公司的公司治理得到改善,股票需求曲线上移;另一方面,因全流通引起的供给曲线右移则导致了向下的价格压力。由于需求曲线对股价的影响为正,而供给曲线的影响为负,需求曲线的移动不干扰供应冲击产生的价格压力,这样我们就能同时检验供给和需求变动对股票价格的影响,且能利用股改事件累积超额收益率的横截面影响因素分析,得出需求曲线的斜率,检验中国市场的股票需求价格弹性。

一、研究样本的选择

本节采用中国股权分置改革的市场效应检验股票的非弹性需求。所采用的股权分置改革公告和财务指标全部来自万得资讯数据库(Wind)。市场交易数据来自清华大学中国金融研究中心开发的清华金融数据库(THFD)。本节首先选择在2006年年底上市时间超过一年的上市公司,共1329家,然后根据万得资讯的股权分置改革进程数据,剔除了在2006年年底前没有成功股改的205家公司。ST公司由于盈利能力差,非流通股股东给出的对价相对有限,既无过多的股份可送,又无充足现金派现,而流通股股东又大多长期亏损,仅仅送股也不能满足其需求。所以这一类公司常常是股改和重组同时进行,鉴于其特殊性,我们剔除了共58家ST公司,再去掉8家金融类上市公司,得到样本1058家。在股改的过程中,大多数公司是采用纯送股的对价方式,但是也有一小部分采用送股和资产重组、回购、派现以及送权证等创新的方式,为了剔除其他对价方式的影响,本节进一步剔除采用混合对价方式的公司162家,最终得到有效样本896个。

表6—1 样本的选择

样本选取标准	数量(个)	比例
2006年年底上市时间超过一年的样本	1329	100.00%
减去:没有股改成功的公司	-205	15.43%
可供计算市场反应的公司数	1124	84.57%
减去:ST公司	-58	4.36%
金融类上市公司	-8	0.60%
并非纯送股的公司	-162	12.19%
最终的股改公司样本数	896	67.42%

二、事件研究法与股权分置改革

事件研究法是现代金融学的经典研究方法,它考察二级市场股价走势。本节采用事件研究法研究股权分置改革是否为流通股股东带来了超额收益,其具体步骤如下。

1. 定义事件

事件研究的首要任务就是要定义所感兴趣的事件。在股权分置改革中,公司进入股改以后会有3个阶段,即动议阶段、协商阶段以及表决实施阶段。动议阶段(T_0至T_1期间)的主要任务是非流通股股东内部进行协商,确定股改初始方案。然后,征求保荐机构、律师事务所等中介机构意见并需后者出具相关法律文件,再征求证券交易所有关方案可行性方面的意见。动议阶段的股票处于停牌状态。动议阶段结束后,进入协商阶段(T_1至T_2期间)。协商阶段的主要任务则是非流通股股东通过投资者座谈会、媒体说明会、网上路演、走访机构投资者、发放征求意见函等多种方式,与流通股股东进行充分沟通和协调,并在10日内公告公司沟通协调后确定的股改方案。协调阶段,股票复牌交易,流通股股东可以选择进一步参与股改,也可以选择抛出股票退出。在表决实施阶段(T_2至T_3期间),股票停牌,召开股东大会,由流通股股东对股改方案进行投票。股改投票表决后,上市公司公告表决结果,股票复牌。

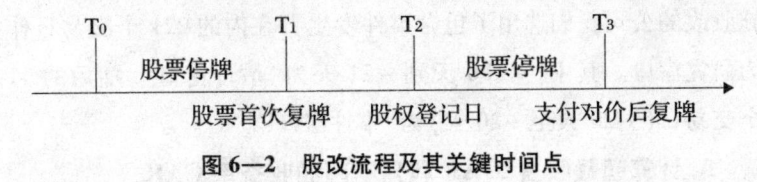

图6—2 股改流程及其关键时间点

根据图6—2可知,股改的全部过程从T_0开始,到T_3结束,在这样一个完整的时间区间内只有T_1到T_2这个区间有股票交易,其余区间内股票停牌。那么究竟是以T_1为事件日,还是以T_3为事件日,就需要考虑T_1到T_2这个区间的交易天数。如果T_1到T_2这个区间的交易天数较多,则需要分别以T_1和T_3作为事件日,分别考察预案复牌和最终复牌的市场反应。但是如果T_1到T_2这个区间的交易天数较少,则不需要考察T_1到T_2这个区间的市场反应,可直接研究最终复牌的效应。

因此本节需要研究 T_1 到 T_2 这个区间的交易日分布。本节借鉴何诚颖、李翔（2007）的方法，对 T_1 到 T_2 这个区间的交易日进行了统计分析，本节的研究表明，在股改的预案复牌交易期 T_1 到 T_2 这个区间，大多数样本公司的交易日不超过8天，预案复牌交易期 T_1 到 T_2 这个区间内，1至8天的占74.16%，10天以上的占17.59%。这样，T_1 到 T_2 这个区间内交易日数不超过8天的超过70%。由于本节是要考察某一时点前后各20个交易日的市场反应，所以 T_1 到 T_2 这个区间的反应事实上包含在了以 T_3 为事件日的事件研究中。因此，本节将以 T_3 为事件日，定义公布股改方案后的复牌当天定义为 t=0。为了不使问题过于复杂，对 T_1 到 T_2 这个区间不做专门的检验。

2. 构建事件窗

本节把股改方案后的复牌当天 T_3 定义为 t=0。对每家已经实施股改的公司我们选用了包含事件发生日在内的221个交易日作为研究窗口。其中，-180天到-21天为"估计窗口"，随后的41个交易日（-20天至+20天）为"事件窗口"。

3. 计算超额收益率 AR 和累积超额收益率 CAR

超额收益的计算就是用实际收益减去"正常"的收益，而对正常收益的估计，国内广泛采用的有市场模型以及市场调整模型。

在市场模型下，超额收益是证券在事件窗口期间的实际"事后"收益率减去该证券在事件窗口期间的正常收益率，而正常收益率是指假设在该事件不发生的情况下该证券在事件窗口的期望收益率。所以，证券 i 在事件窗口期间第 t 日的超额收益率可以通过以下公式来计算：$AR_{it} = R_{it} - E[R_{it}/X_t]$。其中，$AR_{it}$、$R_{it}$ 和 $E[R_{it}/X_t]$ 分别为证券 i 在第 t 日的超额收益率，实际收益率和预期收益率。

在本节中,R_{it} 为考虑现金分红再投资日的个股报酬率。对于股权分置改革复牌当天的收益,我们定义 $R_t = [P_t(1+r) - P_{t-1}]/P_{t-1}$。其中,$P_t$ 为复牌当天的收盘价,r 为综合送股率,P_{t-1} 为前一个交易日的收盘价。对于预期收益 $E[R_{it}/X_t]$,我们用公告前第 180 个交易日至公告前第 21 个交易日的日收益率以 $R_{it} = \alpha_i + \beta_i R_{mt} + \varepsilon$ 的 OLS 估算的样本公司 α_i 和 β_i 系数计算预期收益。[①]

$$AR_{it} = R_{it} - (\alpha_i + \beta_i R_{mt}) \tag{7}$$

理论上,市场模型是计量超额收益较为准确的方法,但在实际计算时,由于 CAPM 模型在一定严格假设条件下才成立,因此市场模型有可能不一定最适合中国国情,β 系数的计算过程有可能会出现较大偏差(沈艺峰、吴世农,1999)。因此,本节进一步采用市场调整模型计算超额收益。在市场调整模型下,证券 i 在事件窗口期间第 t 日的超额收益率可以通过以下公式来计算:

$$AR_{it} = R_{it} - R_{mt} \tag{8}$$

计算出超额报酬率 AR 后,而累积超额报酬率等于:

$$CAR = \sum_{t=-T_1}^{T_2} AR_t \ (T = -T_1, -T_1-1, \cdots T_2) \tag{9}$$

这里由于 CAR 的总体均值和总体标准差未知,我们就假设 CAR 服从均值为 0 的正态分布,其统计量服从自由度为 n-1 的 t 分布,检验 CAR 与 0 是否有显著差异。

$$T_{CAR} = \frac{CAR_t}{S(CAR_t)/\sqrt{N}} \tag{10}$$

---

① 在计算 α_i 和 β_i 时,$R_{it} = \alpha_i + \beta_i R_{mt}$,我们利用清华金融数据库——市场交易数据库的数据,其中 R_{it} 为考虑现金分红再投资的日个股报酬率,R_{mt} 为考虑现金分红再投资的日市场报酬率(等权法)。

$$S^2(CAR_t) = \frac{1}{N-1}\sum_{i=1}^{N}(CAR_{it} - CAR_t)^2 \qquad (11)$$

三、股权分置改革累积超额收益的影响因素

在研究了股权分置改革对流通股股东的市场效应后，本节利用线性回归模型深入分析扩容压力、公司治理对累积超额收益的影响。根据式(6)，本节用股权结构(*Herfindal*)和企业绩效(*Adj. ROA*)作为 Δgov 的替代变量，则式(6)变为：

$$CAR = \alpha_0 + \alpha_1 \cdot LnAsset + \alpha_2 \cdot b + \alpha_3 \cdot (q/(1-q) - b) + \alpha_4 \cdot Adj. ROA + \alpha_5 Herfindahl + Industry + \varepsilon \qquad (12)$$

具体指标说明如下。

1. 企业绩效(Adj. ROA)

我们首先采用年初行业中值调整的总资产收益率衡量公司治理改善程度。大量的研究发现，中国上市公司在股权分置改革前由于存在严重的代理问题，业绩逐渐滑坡(Sun and Tong, 2003；吴晓求, 2006)。股改后，上市公司的公司治理机制发生显著变化，非流通股股东与流通股股东从利益对立转为利益趋同。因此，我们预期股改后企业绩效将增加，而业绩越差的公司即历史上受大股东剥削越严重的公司，未来盈利增长的潜力越高，公司治理改善动机越强，市场累积超额收益越高。

2. 股权制衡度(Herfindahl)

公司治理改善的第二个指标采用股权制衡度的 Herfindahl 指数。股权制衡度用年初第一到第五大股东持股比例的平方和代替，指数越小，则股权制衡度越高。许多研究发现，相比制衡的股

权结构,"一股独大"下大股东往往有着机会主义动机(陈晓、王琨,2005;李增泉,2004),而制衡的股权结构也能够抑制大股东的机会主义掏空行为,股权分散型公司治理绩效优于股权集中型(曹红辉,2003;辛宇,2007)。而且,股权分置改革后的全流通时代,股份的全流通将使控制权市场的竞争作用更加明显,制衡的股权结构由于存在潜在的控制权争夺将对企业绩效有着更好的监督作用。由于股改本身不能改变大股东之间的相对比例,所以从抑制掏空行为和逐渐增强的控制权市场角度分析,本节预期股权制衡度越高,市场累积超额收益越高。

3. 扩容压力[$q/(1-q)$]

非流通股的比例对累积超额收益有着重要的影响。根据价格压力假说,非流通股比例越高,股改后股票供给增加越多,流通股价下跌越多。本节采用股改年初的非流通股比例除以流通股比例衡量扩容压力。并分别检验短期供给冲击(b)和长期冲击的影响$q/(1-q)-b$。

4. 对价水平(b)

对价水平的指标有两个,一个是非流通股股东送出率,另一个就是流通股股东得股率,大量的研究发现,中国股权分置改革的送股存在一定的锚定效应,往往采用10送3,相同的送出率,对流通股股东的利益却有很大的不同(许年行,2007)。因此,本节统一使用折算后的流通股股东得股率即流通股股东每一股实际得股率衡量对价水平。对价的经济本质主要有两种:第一种解释强调对价是取得流通权的成本;对价的第二种解释强调对价还是一种历史补偿。如果对价主要反映了获得流通权成本,则其信息含量大部分已反映在股价之中,流通股股东不能获得超额收益,但是如果对价还反映了非流通股东的额外赔偿,则非流通股股东补偿的越多,表明其对股改的诚意越高,还向市场传递了有利的信号,此时预期累积超额收益将与对价水平正相关。

5. 企业规模(LnAsset)

为了控制企业规模的影响,本节还在回归模型中加入了规模作为控制变量。企业规模用年初总资产的自然对数衡量。

式(10)中,CAR 为目标公司事件窗的累积超额收益率,α 为回归系数,ε 为残差,其中 α_3 即为弹性系数。我们这里采用了这 5 个变量来考察其对累积超额收益率的影响。在后面的分析中,如不单独说明,我们采用市场模型下的 CAR(-10,10)进行回归分析,只是在最后采用市场调整模型和其他窗口作为稳健性检验。主要变量描述性统计如表 6—2 所示。

表 6—2 主要变量描述性统计

	CAR(-10,10)	LnAsset	Adj. ROA	Herfindahl	q/1-q	b
均值	0.050	21.284	0.180	0.234	1.796	0.578
25 分位	-0.054	20.670	-1.637	0.120	1.246	0.367
中位数	0.027	21.231	-0.001	0.205	1.702	0.533
75 分位	0.104	21.831	2.197	0.333	2.293	0.736

四、股权分置改革的市场反应

在此过程中,流通股股东的利益主要受三方面因素的影响:一是所获得的对价水平;二是全流通带来的公司治理改善与代理成本下降;三是全流通导致的长期冲击。其中,前两个因素对流通股股东利益具有正面影响,而第三个因素则产生负面影响。因此,股权分置改革对流通股股东利益的影响方向在理论上并不确定,需要通过理论模型和实证检验来提供相应的证据。

如何衡量中国市场上公告的事件时段一直是困扰研究者的问题之一。国外的事件区间一般设为2或3日。我国的一个特色是，许多消息在正式公布之前，就已经泄露出去了。考虑到我国的特殊情况，我们选择了相对较长的事件区间，-10日至10日及-10日至5日等，来衡量市场对股权分置改革复牌当天的反应。表6—3给出了这些样本在不同事件窗的累积超额收益状况。在从-10至第10个交易日的事件窗内，累积超额收益的中位数为2.4%，均值为4.9%，并显著大于零，有大约78%的股票获得正的超额收益，有22%获得负的超额收益。在从-10至第5个交易日的事件窗内，累积超额收益平均为5.1%，且显著异于零。其他窗口的研究得到类似的结果。同时，我们注意到，公告日后的10个交易日里，个股的超额收益有一定回落，但并没有显著为正的超额收益。总的来说，股权分置改革具有正向的市场反应，对流通股股东利益的正面影响大于负面影响。这就说明，股改公告具有价格压力和增量信息两种效应，如果控制了市场对公司治理改善的预期，累积超额收益还与 $q/(1-q)$ 显著负相关，这就证明了股票的需求弹性为负，即股票的需求弹性向下倾斜而非具有完全弹性。

表6—3 市场模型下股权分置改革的市场反应

事件窗	(-10,10)	(-10,5)	(-5,5)	(-5,10)
平均累积超额收益率	0.049***	0.051***	0.066***	0.065***
t值	8.095	8.683	11.14	10.488
累积超额收益中位数	0.024	0.029	0.040	0.035
percent+/percent-	78%/22%	79%/21%	64%/36%	75%/25%

注：*、**与***分别代表显著性水平 $P<0.10$、$P<0.05$ 与 $P<0.01$。

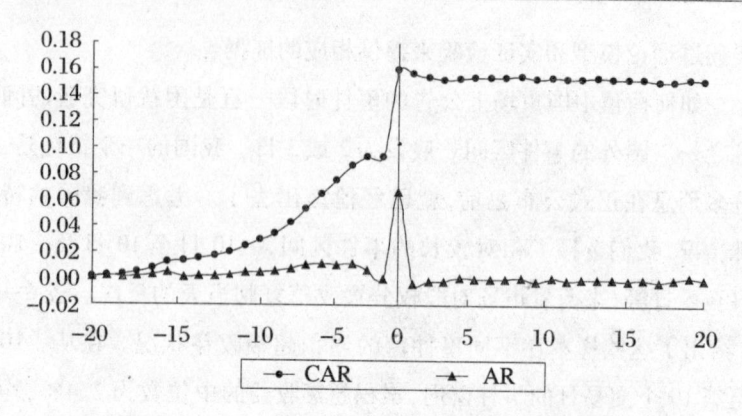

图 6—3　市场模型下股权分置改革的市场反应

五、扩容压力和公司治理的分组结果

我们有两个假说:一是股票需求非弹性假说;二是股权分置改革减轻了委托代理问题,从而提高了 A 股公司的内在价值。在进行回归分析之前,我们将 896 个样本按照扩容压力和公司治理指标进行分组。按照 $q/(1-q)$ 的大小进行排序,按照最大的 30%(L)、中间的 40%(M)、最小的 30%(S)来取分界点,按照 Adj. ROA 的大小进行排序,也按照最高的 30%(H)、中间的 40%(M)、最小的 30%(S)来取分界点,这样我们可以得到 3×3 共 9 组。类似地,我们还可以得到 $q/(1-q)$ 和 *Herfindahl* 的 3×3 的 9 组。

表 6—4　扩容压力和公司治理的分组 CAR

	大($q/1-q$) (top 30%)	中($q/1-q$) (mid 40%)	小($q/1-q$) (bottom 30%)
		Panel　A	
高 Adj. ROA(top 30%)	0.031	0.033	0.059
中 Adj. ROA(mid 40%)	0.046	0.048	0.064

			续表
低 Adj. ROA(bottom 30%)	0.048	0.061	0.071
Panel B
高 Herfindahl(top 30%)	0.033	0.042	0.064
中 Herfindahl(mid 40%)	0.045	0.048	0.067
低 Herfindahl(bottom 30%)	0.045	0.051	0.071

在表6—4 的 A 组之中,我们发现 CAR 随着 $q/(1-q)$ 的增加而降低,而随着 Adj. ROA 的降低而增加。分组统计表明,低 $q/(1-q)$ 和低 Adj. ROA 的一组 CAR 最高为7.1%。相比而言,高 $q/(1-q)$ 和高 Adj. ROA 一组的 CAR 平均只有3.1%。这也从直观上支持了 CAR 与 $q/(1-q)$ 负相关,与 Adj. ROA 负相关。在表6—4 的 B 组之中,我们采用 Herfindahl 指数作为公司治理的替代变量。我们发现上市公司前5大股东的总持股比例较大,第5大股东持股比例平均只有1.397%,而前五大股东之后的单个股东对公司控制能力有限。这表明可以采用前5大股东持股平方和计算的 Herfindahl 指数。指数越低代表股权制衡度越高。分组的结果表明,控制 Herfindahl 的影响后,CAR 与 $q/(1-q)$ 负相关,控制 $q/(1-q)$ 的影响后,CAR 随着 Herfindahl 的降低而增加。这表明股权制衡度较高的公司,市场预期其大股东改善公司治理的效应更好。分组的结果提供了直观上明显的证据。

六、股权分置改革与股票的非弹性需求的回归分析

以下采用回归方法深入检验影响股权分置改革超额收益的因素。表6—5 中 A 组是采用市场模型给出的累积超额收益率影响

因素的回归结果。当因变量为 $CAR(-10,10)$ 时,企业规模对累积超额收益有着显著为正的影响。股权分置改革对价(b)这个变量的参数非显著。这表明对价产生的收益与对价增股造成的负向价格效应正好相抵。也就是说,流通股没有因为对价而获得超额收益。表6—5中A组的第一列表明,$q/(1-q)-b$的系数为 -0.075,且在99%的置信区间内显著,这表明远期的非流通股转流通股冲击比例越高,股改后股票供给增加越多,市场扩容压力越大,股价下跌越多。股票的需求弹性为 -7.5%,提供了下斜需求曲线的证据。对于公司治理的第一个替代变量 *Adj. ROA*,表6—5中A组的第一列发现其回归系数为 -0.004,t值为 -2.334,且在95%的置信区间内显著,这表明市场预期股改后流通股股东和非流通股股东的利益捆绑在一起,企业的历史代理行为越严重,预期未来的盈利增长越高。对于股权集中度变量,表6—5中A组第3列的回归结果发现其回归系数为 -0.106,且在90%的置信区间内显著。由于 *Herfindahl* 越低表示股权制衡度越高,所以回归结果表明,股权制衡度越高,对第一大股东掏空的制约越好,潜在控制权之争也越大,市场超额收益越高。

表6—5中B组是采用市场调整模型的回归结果。当我们采用市场调整模型时,得到了与市场模型回归非常相似的结果,这进一步验证了本节的预期。值得指出的是,回归方程中调整后的拟和优度在3%与5%左右,这与文献中相似事件研究中股价收益率的回归拟合优度相符合。为了验证结论的可靠性,我们还使用其他的事件区间$(-10,5)$、$(-5,5)$、$(-5,10)$进行了回归分析,得到了与前面基本一致的研究结论。

表 6—5 累积超额报酬率的影响因素回归结果
[因变量为 CAR(-10,10)]

	A 市场模型				B 市场调整模型			
Constant	0.040 (0.251)	0.030 (0.271)	-0.029 (-0.177)	-0.026 (-0.161)	-0.081 (-0.464)	-0.084 (-0.484)	-0.148 (-0.831)	-0.147 (-0.822)
LnAsset	0.007 (0.997)	0.008 (1.048)	0.011 (1.456)	0.011 (1.449)	0.016** (1.964)	0.016** (1.993)	0.020** (2.338)	0.020** (2.333)
b	0.050 (1.552)	0.038 (1.148)	0.058 (1.369)	0.045 (1.362)	0.044 (1.245)	0.036 (0.996)	0.052 (1.441)	0.044 (1.198)
$q/(1-q)\cdot b$	-0.075*** (-3.328)	-0.063*** (-2.724)	-0.068*** (-2.973)	-0.057** (-2.458)	-0.069** (-2.806)	-0.061** (-2.418)	-0.062** (-2.487)	-0.056** (-2.170)
Adj. ROA		-0.004** (-2.334)		-0.003** (-2.176)		-0.0002* (-1.703)		-0.002* (-1.757)
Herfindahl			-0.106* (-1.840)	-0.095* (-1.637)			-0.105* (-1.655)	-0.098* (-1.664)
Industry	控制	控制	控制	控制	控制	控制	控制	控制
N	896	896	896	896	896	896	896	896
Adj. R²	3.7%	4.5%	4.6%	5.3%	3.2%	3.7%	4.1%	4.5%
F	2.557***	2.821***	2.862***	3.071***	2.355***	2.479***	2.663***	2.749***

注：*、**、***分别表示显著性水平 $P<0.10$、$P<0.05$、$P<0.01$。

七、市场时机(Timing)的影响

市场时机(Timing)对累积超额收益有着较大的影响。关于市场时机,我们控制了股改进度(Stage)以及个股停牌时间(Gap)两大类。其中,股改进度考虑的是不同批次的股改效应有较大差异。而停牌时间(Gap)考虑的是个股的停牌时间(T1到T2这个区间)越长,累积超额收益可能越高。为了综合控制这两大类的不同影响,我们将样本按照股改进度分为三组,并在每一组回归中加入停牌时间(Gap),以综合控制其影响。

所谓试点,就是在解决股权分置存在诸多不确定性因素的情况下,先不急于整体推进,而是通过制定试点方案,在少数具有代表性的公司中进行审慎试点,传达积极的政策信号,培育相对稳定的市场预期,探索市场化的价格形成机制,把握改革对市场的影响规律,以便对试点方案进行调整修订,形成解决股权分置的全面推进方案。[①] 对此,我们将股改分为三个阶段:试点阶段、全面启动阶段和攻坚阶段。[②] 在表6—6的分组回归结果中,我们发现A组的

[①] 股权分置改革需要有利于市场的稳定和发展,既要推动资本市场的持续稳定发展,又要妥善处理各方利益关系,不对市场稳定运行造成大的影响。因此,按照"摸着石头过河"的方针,证监会决定按照"试点先行,配套推进,逐步解决"的操作思路推进股权分置改革问题的解决。

[②] 试点阶段(2005.4.29—2005.9.11)。截至2005年9月11日,共有35个样本公司股改试点启动,试点工作传达了积极的政策信号,探索了市场化的对价协商机制,了解了市场对改革的反应,为全面股改铺开积累了经验。全面启动阶段(2005.9.12—2005.11.9)。在各方的协同推进下,2005年9月12日第1批全面股改的公司开始股改,2005年11月,中小板块的50家上市公司股改全部结束,这一阶段有157个样本。攻坚阶段(2005.11.9—2006.12.31),这一阶段有704个样本。

市场模型和市场调整模型其 $q/(1-q)-b$ 均不显著,且模型整体也不显著。但是在 B 组和 C 组中,$q/(1-q)-b$ 比较显著,这个结果与试点公司的样本小有关。

个股停牌时间(Gap)的影响上,我们发现,Gap 越长,累积超额收益越高,B 组和 C 组中的 Gap 系数约在 0.003 至 0.006 之间,且在 99% 的置信区间内显著。这就证实了,停牌时间越长,股改方案的不确定性越大,超预期(Surprise)越高。控制股改进度(Stage)以及个股停牌时间(Gap)两大类的综合影响,我们发现累积超额收益与扩容负相关,与公司治理改善预期正相关,得到了与前面基本一致的研究结论。

表6—6 市场时机对累积超额收益的影响

	A 试点阶段		B 全面启动阶段		C 改写阶段	
	市场模型	市场调整模型	市场模型	市场调整模型	市场模型	市场调整模型
Constant	0.743	0.311	-0.270	-0.346	0.109	0.049
	(1.244)	(0.505)	(-0.953)	(-1.195)	(0.552)	(0.230)
LnAsset	-0.025	-0.007	0.015	0.017	0.007	0.013
	(-1.026)	(-0.295)	(1.168)	(1.265)	(0.768)	(1.325)
b	0.098	0.061	0.149	0.075	0.069	0.096
	(0.622)	(0.974)	(1.303)	(1.035)	(1.222)	(1.235)
$q/(1-q)-b$	-0.080	-0.047	-0.082**	-0.045***	-0.065**	-0.078***
	(-0.355)	(-0.766)	(-1.989)	(-3.068)	(-2.339)	(-2.599)
Adj. ROA	-0.004	-0.003	-0.002*	-0.002*	-0.003*	-0.004*
	(-0.591)	(-0.488)	(-1.962)	(-1.806)	(-1.828)	(-1.901)
Herfindahl	-0.093	-0.170	-0.270***	-0.384***	-0.104***	-0.089***
	(-0.576)	(-1.022)	(-2.790)	(-3.901)	(-4.483)	(-4.187)
Gap	0.010	0.001	0.001*	0.007*	0.003**	0.003***
	(0.370)	(0.019)	(1.960)	(1.951)	(2.926)	(2.749)
Industry	控制	控制	控制	控制	控制	控制
N	35	35	157	157	704	704
Adj. R²	5.2%	4.4%	7.4%	6.4%	5.6%	4.6%
F	1.631	1.644	2.732***	2.986***	2.538***	2.467***

注:*、**、*** 分别表示显著性水平 $P<0.10$、$P<0.05$、$P<0.01$。

八、内生性与两阶段最小二乘法

我们在式(7)之中加入了对价 b,但这里有一个潜在的问题,即对价本身有着内生性问题,即其有着太多的噪音。对价除了受到非流通股比例,还受到股东博弈、机构投资者合谋等行为的影响(吴超鹏等,2006;赵俊强等,2006)。在检验股票非弹性假设中,一个重要的因素就是要控制股改公告的信息。我们在累积超额收益的影响因素中,检验了股票的非弹性需求,同时控制了公司治理改善的正面效应,但是需要保证对价 b 没有额外的噪音。这里,本节采用两阶段最小二乘法,首先检验对价 b 的影响因素,第二阶段把对价 b 的残差放入回归中,如果我们发现,剔除对价的影响因素后,标准化的残差没有信息含量,表明对价 b 已经反映到了超额收益中。

1. 对价 b 的影响因素

根据均衡对价模型,假设支付对价前流通股的市场价格为 p_1;支付对价后市场的价格为 p_2;非流通股支付对价前的价格为 p_3;公司总股本为 1;非流通股占总股本的比例为 a;流通股占总股本的比例为 $1-a$;非流通股东采用送股方式支付对价,支付比例是 r,即支付总量为 $r(1-a)$,对价支付股份全部来自非流通股份,总股本不变。假设对价支付前后流通股股东和非流通股股东财富不变。

$$p_1(1-a) = p_2[(1-a) + r(1-a)] \tag{13}$$

$$p_3 a = p_2[a - r(1-a)] \tag{14}$$

用式(12)除以式(11)得到:

$$\frac{p_3 a}{p_1} = \frac{[a-r(1-a)]}{(1+r)} \qquad (15)$$

对式(13)进行展开,并整理得到市场均衡条件下的对价支付公式(16):

$$r = \frac{1}{1-(1-\frac{p_3}{p_1})a} - 1 \qquad (16)$$

根据均衡对价模型,对价的最主要两个因素就是非流通股比例以及市净率(PB)。除了上述两个因素以外,还考虑其他对价影响因素。例如承诺种类,承诺是对价的替代,承诺种类越多,对价越低(许年行,2008);此外,我们还控制了机构持股比例[①],因为市场参与者可能存在严重的代理问题(吴超鹏等,2006),最后控制规模和行业的影响。

表6—7 内生性与两阶段最小二乘法

因变量	b	市场模型 CAR	市场调整模型 CAR
Constant	−0.877***	−0.022	−0.164
	(−14.349)	(−0.128)	(−0.881)
LnAsset	0.006	0.010	0.020**
	(0.167)	(1.324)	(2.280)
Stand(Residual b)		0.007	0.006
		(0.953)	(0.767)
q/(1−q)−b		−0.029**	−0.028**
		(−2.217)	(−2.161)
Adj. ROA		−0.004***	−0.003*
		(−2.723)	(−1.623)

---

① 机构持股比例采用基金、券商、券商产品、QFII、保险公司、社保基金、企业年金持股比例之和,采用股改前最新的季度报告数据。PB 也采用股改前最新的季度数据。

续表

Herfindahl		-0.102* (-1.741)	-0.105* (-1.624)
Warrant	-0.026** (-2.056)		
Nontradable	0.025*** (33.477)		
Institution	-0.002** (-2.331)		
PB	0.006* (1.752)		
Industry	控制	控制	控制
N	896	896	896
Adj. R²	57.6%	3.8%	3.2%
F	76.972***	2.758***	2.342***

注：*、**、*** 分别表示显著性水平 $P<0.10$、$P<0.05$、$P<0.01$。

2. 两阶段回归模型

两阶段回归模型如下，这里首先对对价的影响因素，包括非流通股比例（Nontradable），承诺种类数量（Warrant），机构持股比例（Institution），以及市净率（PB），规模（LnAsset），行业（Industry）。然后，进一步把回归模型的标准化残差 Stand(Residual b) 替代 b 放到式(18)之中。

$$b = \alpha_0 + \alpha_1 \cdot LnAsset + \alpha_2 \cdot Nontradable + \alpha_3 Warrant +$$
$$\alpha_4 PB + \alpha_5 Institution + Industry + \varepsilon \tag{17}$$

$$CAR = \alpha_0 + \alpha_1 \cdot LnAsset + \alpha_2 \cdot StandResidual(b) + \alpha_3 \cdot$$
$$[q/(1-q) - b] + \alpha_4 \cdot Adj.\ ROA + \alpha_5 Herfindahl + Industry + \varepsilon$$
$$\tag{18}$$

表 6—7 是两阶段的回归结果。我们看到第一列的对价影响因素模型拟合程度较高,为 57.6%。其中,PB 越高对价越高;承诺越多,由于替代作用,对价越低。机构持股比例与对价显著负相关,支持机构投资者合谋假设。当我们把标准化残差 Stand Residual (b) 替代 b 放到式(7)后,表 6—7 的第 2 列市场模型的结果表明,标准化的对价 b 仍然不显著,表明其没有信息含量。同时,表 6—7 的第 2 列表明,$q/(1-q)-b$ 仍然显著为负,支持股票需求弹性为负的假设。且公司治理变量也与前面表 6—5 的结果一致。说明本节的结论是稳健的。

第三节 股改方案公告的实惠效应与未来效应

2005 年 4 月开始的股权分置改革,其目的就是为了解决控股股东与流通股东的利益不一致问题。股权分置改革的核心是承认在股权分置市场中的公司首次公开发行时的发行价格获得了高于全流通市场情况下的市盈率,公司非流通股股东拟申请全流通,应向流通股股东支付相应"对价"。非流通股股东通过向流通股股东支付一定的"对价"以换取非流通股份的流通权。

股改中流通股股东在获得名义对价的同时能否获得真正的超额收益受到广泛关注。2005 年股改以来很多学者对此问题进行了研究。但已有研究存在如下问题:一是研究样本较少,只针对 2005 年试点公司或 2006 年以前的完成股改公司;二是对于事件定义的模糊。一个公司股改过程中至少有两个重要的事件——股改宣告和股改实施,已有的研究中往往只偏重于其中的一个事件,也有的则将股改宣告到股改实施作为一个"黑箱"处理;三是未能区分股改与非股改带来的超额收益。股改中部分公司将资产重组、注资与股改相结合,在股改期间产生了极高的超额收益①,这类公司超额收益更多来源于资产重组而不是股改。

我们发现,在股权分置改革中公司需要进行两次停牌,本节根据这两次停牌将股改划分为股改宣告和股改实施两个事件,研究两个事件中是否存在超额收益以及两个事件之间的关系。通过对截至 2008 年 3 月完成股改的公司的超额收益研究表明:首先,投资者在两个事件中平均都能获得正的超额收益;其次,在股改宣告事件中,投资者更关心股改的"实惠"——对价的高低;在股改实施事件中,投资者更关心企业的"未来"——非流通股未来带来的扩容等;最后,我们发现股改宣告事件中的超额收益会影响股改实施事件中的超额收益,如果股改宣告事件中的超额收益较高,则在事件 B 中的股改宣告事件中会较低,反之亦然。

一、研究假设的提出

根据《上市公司股权分置改革管理办法》的规定,上市公司股改过程被四个时间点划分为五个阶段②。具体程序是:(1)第一阶段:股改前交易,公司股票正常交易。(2)股改开始日(T1 日),公

---

① 锦州六陆(000686)的股改与重组东北证券相结合,股改实施日实际上涨 596%,与股改公告日相比累计上涨 10 倍以上。此外,ST 仁和(000650),ST 棱光(600629)和 ST 浪莎(600137)股改实施复牌日实际涨幅分别达到 1227.8%,1098.2%和 1086.3%。

② 2005 年 9 月以前的股改试点第一批、第二批公司的程序不同,在刊登相关股东会议决议公告后恢复交易,恢复交易几天后才支付对价。

司董事会公布改革方案说明书、独立董事意见函、保荐意见书、法律意见书的同时申请公司股票停牌。(3)第二阶段:沟通期。在此期间公司股票停牌,非流通股股东与流通股股东进行充分沟通和协商,修改并最后确定最终改革方案。(4)沟通完成后复牌日(T2日):公司公布最终股改方案后次日股票复牌。(5)第三阶段:股改中交易,公司股票正常交易,但在此期间公司不得再次修改改革方案。(6)股东会议股权登记日(T3日),次日公司股票停盘。(7)第四阶段:股东会议期。股票从股东会议股权登记日的次日起停盘,至规定程序结束之日止。(8)股改复权日(T4日):当日公司股票复牌,当日交易不设涨跌幅限制,不纳入指数计算。(9)第五阶段:股改后交易,公司完成股改后正常交易。

第三阶段对股改产生了双重效果。由于在此阶段公司股票正常交易,一方面为流通股股东增加一次"投票"机会——对于非流通股东提出的股改方案,流通股股东除了可以在股东会议上对股改方案"用手投票"外,也可以选择在股改第三阶段"用脚投票"。另一方面,提高了股改通过率——反对股改方案的流通股股东可能选择在第三阶段之前卖出股票,而支持股改方案的流通股股东会买进公司股票。

由于在第三阶段公司股票正常交易,导致在股改中可能存在三类投资者:第一类是在第一阶段买入,第三阶段卖出,只在T1日前后持有公司股票;第二类是在第三阶段买入,在T4日前后持有公司股票;第三类是五个阶段都持有公司股票。如果将股改定义为一个事件,只反映了第三类投资者的收益情况,而不能反映第一、第二类投资者的情况。第一类投资者的收益主要受股改宣告事件①(本节定义为"事件A")的影响,第二类投资者的收益主要受股改实施事件②(本节定义为"事件B")的影响,第三类投资者则同时受到事件A和事件B的影响。

奉立城、许伟河(2007),何诚颖、李翔(2007),陈宋生、王立彦(2008)等的研究表明第三类投资者在股改中能够获得正的累计超额收益,因此我们预期事件A和事件B中共同存在正的累计超额收益。如果投资者在事件A中不能获得正的超额收益,一般不会在第三步阶段卖出股票而会在第四阶段投票反对股改方案;同样,如果投资者预期在事件B中不能获得正的超额收益,则不会在第三阶段买入股票,即使已买入也会在第四阶段投票反对股改方案,股改方案不大可能顺利通过。考虑到90%以上的公司都顺利通过股改,因此我们预期在事件A和事件B中投资者都能获得正的累计超额收益。在此,我们出本节的第一个假说③。

假说1:投资者在事件A和事件B中都能获得正的累计超额收益。

在已有研究中,对于股改中影响因素(如对价水平、非流通股比重、流通股股东赞成率)的研究结论并不一致。陈蛇、陈朝龙(2005)发现公司股价与对价水平正相关,陈宋生、王立彦(2008)则认为股改中累计超额收益与对价水平负相关,而何诚颖、李翔(2007)则发现股改中累计超额收益与对价水平无关。在本节将股改事件细分为二个子事件后,事件A中投资者在T1日后拥有的信

---

① 即将股改开始日(T1日)定义为事件点。
② 即将股改复权日(T4日)定义为事件点。
③ 本节的假说是以对立假说(Alternative Hypothesis)的形式出现,是希望得到而不是希望拒绝的结果。

息是对价水平,至于股改是否能够获得通过则是未知数。因此我们希望在事件A中投资者会对对价水平做出反应。而在事件B中,一方面,如果股改通过,投资者未来将面临非流通股流通而带来的扩容,非流通股比重越高的公司未来股票供给的增加会越多,另一方面,股东大会流通股东赞成比例的高低,代表了流通股股东对企业未来的判断,这两个因素可能会对事件B的累计超额收益产生影响。在此,我们提出本节的第二个假说。

假说2:(1)在事件A中,对价水平高的公司累计超额收益较高,(2)在事件B中,非流通股比重低、股东大会流通股东赞成比例高的公司累计超额收益较高。

事件A和事件B构成了股改的全过程,由于事件A发生在事件B之前,事件A的结果不可能不影响到事件B,在事件B中投资者会根据已获得的信息修正其预期,而事件A中的超额收益恰恰是其中的一个非常关键因素。例如,如果事件A中由于投资者"过度乐观"而获得较高的超额收益,在事件B中投资者就会根据已有信息会降低预期,事件B中超额收益会相对较低。反之,如果在事件A中投资者"过度悲观",产生较低乃至负的累计超额收益,在事件B中投资者就会根据已有信息进行纠正,事件B中超额收益会将较高。在此,我们提出本节的第三个假说。

假说3:(1)事件A中的累计超额收益会影响事件B中的累计超额收益,(2)如果事件A中的超额收益较高,则在事件B中的超额收益会较低,反之亦然。

二、研究设计

本节采用事件研究法(Event Study)来考察股权分置改革是否

为投资者带来超额收益。事件研究法的历史悠久,Dolley(1933)就利用事件研究法分析了美国1921年至1935年间的股票拆分现象。Ball和Brown(1968)撰写了一篇具有较大影响力的事件研究文章,探讨了盈余宣告期间公司未预期盈余与公司股票超额收益的关系。Fama、Fisher、Jensen和Roll(1969)利用事件研究法考察股票拆分对股价的影响,此后事件研究开始大量使用。MacKinlay(1997)对事件研究方法进行了详细总结和阐述。本节将根据事件研究的标准程序,对股改中的超额收益进行分析。

1. 样本选择及数据来源

本节中公司股权分置改革的基本资料及收益数据来自Wind数据库,公司的财务数据来自于清华金融数据库,实际控制人数据由作者收集整理。截至2008年3月,共有1264家公司完成股权分置改革。在本节的样本中将删除以下公司:(1)ST、*ST公司。这类公司属于亏损甚至资不抵债的公司,其公司估值与正常公司不同。(2)股改对价中包含资产重组、注资的公司。此类公司股改前后公司的基本面发生重大变化,超额收益中含有过多的非股改因素。(3)股改周期过长的公司。本节中股改周期是指从T1日到T4日的市场交易天数。股改周期过长一方面导致市场累计超额收益变化较大,超常收益的计量准确度下降,另一方面股改周期过长公司通常也会含有股改以外的其他信息。[①] 本节定义股改周期超过66个交易日的公司为股改周期过长的公司。最终进入本节研究样本的有976家公司。

[①] 例如:双汇发展(000895)2006年3月6日开始股改,由于涉及向外资转让国有股权,到2007年6月29日才完成股改,历时1年零3个月。

2. 事件窗的选择

根据研究假设中的讨论,本节将股改划分为两个事件——事件A(股改宣告)和事件B(股改实施)。对于事件窗的选择,为尽量减少其他事件对本节研究结果的影响,本节在T1前和T4后分别选取5个交易日。对于股改中交易天数的选取,从表6—8可以看出,有331家公司(占样本的33.91%)在股改第三阶段中的交易天数小于5天,因此如果交易日选取过长,会损失较多的样本。本节股改中的交易天数定为4天。

表6—8 股改中交易期的交易天数频率分布

股改中交易天数	公司数量	累计公司数量	比重	累计比重
天数<=3	57	57	5.84%	5.84%
天数=4	81	138	8.30%	14.14%
天数=5	193	331	19.77%	33.91%
天数=6	174	505	17.83%	51.74%
天数=7	129	634	13.22%	64.96%
天数=8	83	717	8.50%	73.46%
天数=9	55	772	5.64%	79.10%
15>=天数>=10	162	934	16.60%	95.70%
天数>15	42	976	4.30%	100%
合计	976		100%	

由于T1日股改宣告后股票立即停牌,对于事件A我们没有定义事件的0日,我们选取7个交易日作为事件区间,即T1日前5个交易日(股改前)和T2日后2个交易日(股改中)。由于T4日股改复权日股票交易且不设涨跌幅限制,因此把T4日作为事件B的0日,共选取8个交易日作为事件区间,即T3前2个交易日(股改中)和T4后5个交易日(股改后)。

表 6—9 变量的定义和度量

	变量名	简称	定义
因变量	事件 A 累计超额收益	CARA	事件 A 中的累计超额收益
	事件 B 累计超额收益	CARB	事件 B 中的累计超额收益
解释变量	股改送达率(%)	Gain	股改实施后流通股股东每股获得股份数量
	流通股赞成股份比重(%)	LSAP	股改股东会议上流通股赞成股份比重
	非流通股比例(%)	NTSP	股改前非流通股股本占总股本的比重
控制变量	企业规模	Size	股改前一年年末总资产的自然对数
	市净率倒数	PB	股改前一年年末每股净资产除以股改前 1 个月的股价
	中小企业板	Young	在深圳证券交易所中小企业板交易等于 1,否则为 0
	上市地点	Loc	在深圳证券交易所主板交易等于 1,否则等于 0
	股改试点	Try	公司属于股改试点公司则等于 1,否则为 0
	私人控股	Private	公司实际控制人是个人则等于 1,否则为 0

三、实证检验

1. 两个事件中超额收益

事件 A 的超额收益和累计超额收益的分布见表 6—10 和图 6—4。在 7 个交易日中,超额收益的中位数都大于 0,6 天的平均值大于 0 且有 4 天显著[①]大于 0。在 A—5、A—4 日,超额收益的绝

[①] 无特殊说明情况下,本节中的显著是指在 10% 显著水平上。

对值较小,且在统计上不拒绝其等于0。在A—3、A—2、A—1日的超额收益在1%显著水平下大于0,分别达到0.68%、0.45%和1.1%,这表明公司在T1日宣布开始股改前信息可能已经被提前泄露出去,这与晏艳阳、赵大玮(2006)等的研究结果一致,在股改中存在较强的内幕交易。在A+1日,超额收益的平均值虽大于0,但统计上不显著。在A+2日,平均存在0.99%的超额收益且显著大于0。从事件A中超额收益的分布看,市场提前对股改宣布事件做出反应,在股改宣布后的第一个交易日市场对其无显著反应,之后第二日才有正的反应。累计超额收益在事件A中呈现单调上升分布,整个事件中的平均累计超额收益达到3.92%。因此,投资者在事件A中平均可以获得正的超额收益。

表6—10 事件A的超额收益和累计超额收益的描述性统计(%)

	日期	A-5	A-4	A-3	A-2	A-1	A+1	A+2
超额收益	样本数	976	976	976	976	976	976	919
	平均值	-0.01	0.12	0.68	0.45	1.10	0.40	0.99
	标准差	2.97	3.14	3.18	3.25	3.19	8.76	4.37
	显著度	0.916	0.228	0.000	0.000	0.000	0.150	0.000
	最小值	-11.30	-10.82	-11.30	-10.16	-12.98	-65.81	-10.72
	25分位	-1.59	-1.81	-1.18	-1.67	-0.93	-5.27	-1.62
	中位数	0.06	0.10	0.59	0.21	0.74	1.45	0.26
	75分位	1.58	2.06	2.57	2.28	2.81	6.60	3.05
	最大值	12.04	12.68	11.97	11.72	11.18	18.27	14.67
累计超额收益	平均值	0.00	0.12	0.82	1.28	2.37	2.93	3.92

注:显著度是样本平均值是否等于0的双尾t检验的显著度。

事件B超额收益和累计超额收益的分布见表6—11和图6—5。在事件B的8个交易日中,有6个交易日超额收益的平均值大于0(其中只有2个交易日的平均值显著大于0),此外,只有2个交易日超额收益的中位数大于0。在事件B的前2个交易日中,B—2日的超额收益平均达到0.62%,显著大于0,B—1日的超额收益平均值虽然大于0,但不显著。B0日是股改实施日,当日交易不设涨跌幅限制,超额收益的平均值达到3.1%且统计上显著,中位数也达到1.42%,远高于其他各日。也就是说,如果投资者在股权登记日(T3日)买入股改公司股票,在股改复权日(T4日)卖出,平均可以获得超过市场3.1%的收益,一半情况下可以获得正的(1.42%)超额收益。在B+1、B+2日,超额收益的平均值显著小于0,可能的原因是在B0日投资者由于过于乐观,导致股票价格过高。在B+3、B+4、B+5日,超额收益的平均值虽然大于0但不显著。累计超额收益在事件B中呈现倒"U"形分布,在B0日前上升,在B0日达到最大的3.96%,在B0日后逐渐下降。整个事件B中的累计超额收益平均达到3.62%。因此,投资者在事件B中平均可以获得正的超额收益。

对事件A和事件B中超额收益分析我们可以看出,在事件A和事件B中投资者平均可以获得3.92%和3.62%的累计超额收益,支持了我们的假说1——投资者在事件A和事件B中都能获得正的累计超额收益。

此外,我们考察了T1前5个交易日到T4后5个交易日整个区间(即包含事件A和事件B,又包含事件A和事件B之间的交易期)的累计超额收益,得到整个区间内平均累计超额收益等于8.95%且显著大于0,而事件A平均累计超额收益和事件B平均累计超额收益之和达到7.54%,占整个区间内平均累计超额收益的

84.2%，事件 A 和事件 B 中的平均累计超额收益占全部股改期间平均累计超额收益的绝大部分。这表明，我们将股改划分为两个事件并没有损失太多的信息。

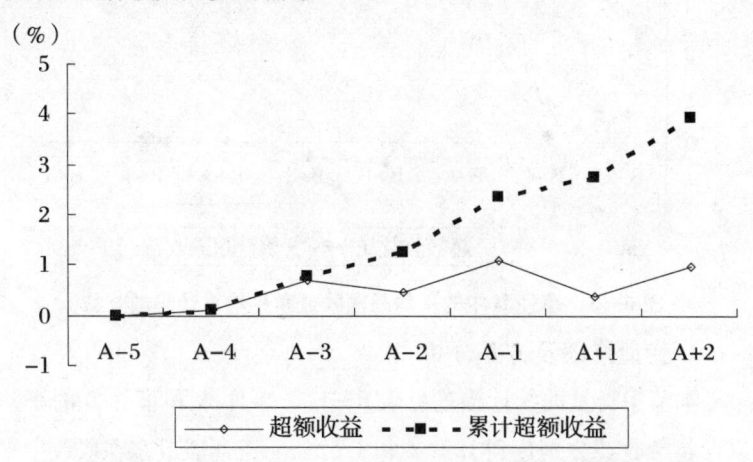

图 6—4 事件 A 中的平均超额收益和平均累计超额收益

表 6—11 事件 B 的超额收益和累计超额收益的描述性统计(%)

	日期	B-2	B-1	B0	B+1	B+2	B+3	B+4	B+5
超额收益	样本数	919	976	976	976	976	976	976	976
	平均值	0.62	0.10	3.10	-0.48	-0.32	0.05	0.11	0.01
	标准差	3.07	3.25	11.75	3.79	3.14	2.95	2.88	2.97
	显著度	0.000	0.321	0.000	0.000	0.001	0.585	0.244	0.877
	最小值	-10.04	-8.59	-33.86	-10.38	-10.61	-9.96	-10.02	-11.35
	25分位	-1.21	-1.99	-4.07	-2.75	-2.07	-1.79	-1.63	-1.67
	中位数	0.34	-0.28	1.42	-0.87	-0.54	-0.16	-0.13	-0.25
	75分位	1.94	1.57	7.76	1.59	1.13	1.54	1.63	1.40
	最大值	15.44	12.01	75.78	12.63	12.16	10.88	10.14	13.03
累计超额收益	平均值	0.62	0.81	3.96	3.50	3.25	3.42	3.55	3.62

注：显著度是样本平均值是否等于 0 的双尾 t 检验的显著度。

(%)

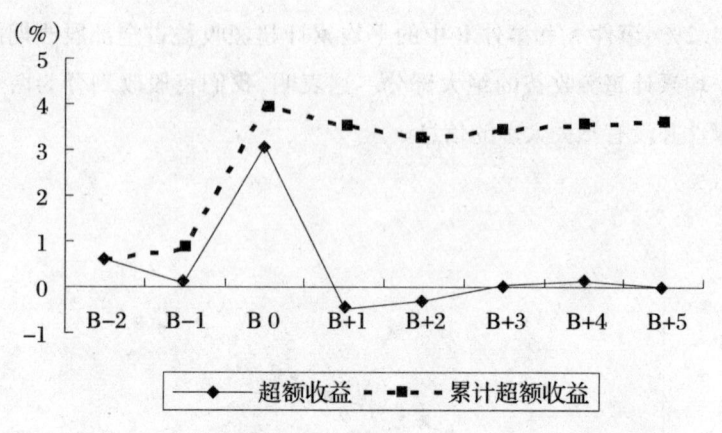

图 6—5 事件 B 中的平均超额收益和平均累计超额收益

2. 变量描述及方差分析

本节中变量的统计描述见表 6—12。事件 A 和事件 B 的平均累计超额收益分别达到 3.92% 和 3.62%。流通股股东在股改中平均每 10 股得到 3.027 股的对价,股东会议流通股股东平均赞成率为 88.37%,股改公司非流通股占总股本比重平均达到 61.16%。控制变量中,公司规模相差较大,市净率倒数的平均值等于 0.611。样本中包含 50 家深圳证券交易所中小企业板上市的公司,309 家在深圳证券交易所上市的公司,617 家在上海证券交易所上市的公司;976 家样本公司中属于股改试点的公司有 43 家,私人控股的公司有 238 家。

表 6—12 变量的描述性统计

	变量	样本数	平均值	标准差	中位数	最小值	最大值
因变量	CARA	919	0.0392	0.132	0.036	−0.758	0.491
	CARB	919	0.0362	0.151	0.016	−0.391	0.832
解释变量	Gain	976	30.27	7.23	30.87	0.00	70.00
	LSAP	976	88.37	7.47	89.88	66.78	99.94
	NTSP	976	61.16	11.00	62.84	13.37	91.32

续表

控制变量	Size	976	12.14	1.04	12.06	9.43	17.91	
	BP	976	0.611	0.290	0.570	0.059	1.958	
	虚拟变量	样本数	变量=0	变量=1				
	Young	976	50	926				
	Loc	976	309	667				
	Try	976	43	933				
	Private	976	238	738				

下面我们将解释变量按从小到大的顺序分为5组(从1到5),考察各组之间在事件A和事件B中累计超额收益是否存在显著不同,见表6—13。

表6—13 累计超额收益的单因素方差分析

分表A:CARA

		1	2	3	4	5	F值
Gain	平均值	0.021	0.027	0.033	0.048	0.073	4.458***
	标准误	0.009	0.009	0.011	0.008	0.01	(0.010)
	样本数	183	231	146	192	167	
NTSP	平均值	0.032	0.034	0.043	0.036	0.051	0.591
	标准误	0.01	0.009	0.01	0.009	0.011	(0.669)
	样本数	185	182	185	189	178	

分表B:CARB

		1	2	3	4	5	F值
Gain	平均值	0.030	0.038	0.035	0.034	0.044	0.204
	标准误	0.012	0.010	0.013	0.009	0.012	(0.936)
	样本数	183	231	146	192	167	
NTSP	平均值	0.056	0.043	0.032	0.035	0.014	1.916
	标准误	0.013	0.010	0.012	0.011	0.010	(0.106)
	样本数	185	182	185	189	178	
LSAP	平均值	0.015	0.024	0.046	0.038	0.058	2.308*
	标准误	0.010	0.010	0.011	0.011	0.013	(0.056)
	样本数	183	185	188	181	182	

续表

CARA	平均值	0.061	0.039	0.028	0.032	0.021	1.916
	标准误	0.014	0.012	0.011	0.009	0.009	(0.106)
	样本数	184	184	184	184	183	

注：F值为单因素方差分析(One-Way ANOVA)的F检验结果，其下括号内为显著水平，***代表1%水平上显著，**代表5%水平上显著，*代表10%水平上显著。

表6—13分表A显示：(1)事件A的累计超额收益(CARA)随着股改送达率(Gain)的增加而提高，股改送达率低的公司累计超额收益也低，股改送达率高的公司累计超额收益也高，单因素方差分析的F值达到4.458，显著度等于0.01，表明在1%显著水平上，我们拒绝各组之间平均值相等；(2)随着非流通股比重(NTSP)的上升，CARA并没有呈现单调上升或下降的现象，单因素方差分析的F值也只有0.591，我们不拒绝各组之间平均值相等。因此，从分组对比结果看，Gain对CARA的影响显著。

表6—13分表B显示：(1)随着股改送达率(Gain)的增加，事件B的累计超额收益(CARB)并没有呈现单调上升或下降的现象，单因素方差分析的F值也只有0.204，我们不拒绝各组之间平均值相等；(2)随着非流通股比重(NTSP)的上升，CARB呈现单调下降的趋势，单因素方差分析的F值达到1.916，虽然在10%显著水平上，我们仍不拒绝各组之间平均值相等，但仍可以看出NTSP对CARB的有一定的解释力；(3)随着流通股股东赞成比例(LSAP)的增加，CARB呈现单调上升趋势，单因素方差分析的F值达到2.308，显著度等于0.056，在10%显著水平上，我们拒绝各组之间平均值相等；(4)随着事件A的累计超额收益(CARA)的上升，CARB呈单调下降趋势，单因素方差分析的F值达到1.916，虽然在

10%显著水平上,我们仍不拒绝各组之间平均值相等,但可以看出 CARA 和 CARB 存在一定程度的负相关。

从单因素方差分析结果看,Gain 对 CARA 的影响显著,而对 CARB 的影响不显著。NTSP 对 CARB 和 CARA 的影响不显著。这支持了我们的假说 2,CARA 和 CARB 的关键影响因素不同。此外,单因素方差分析的结果也部分支持了我们的假说 3,CARA 和 CARB 存在一定程度的负相关。

3. 多元回归分析

本节我们构建多元回归分析模型,将解释变量、控制变量放入回归模型中考察变量对 CARA、CARB 的混合作用。CARA、CARB 的回归方程分别见式(19)和式(20),由于事件 A 发生在事件 B 之前,事件 A 发生在流通股股东对股改方案表决之前,因此式(19)比式(20)少两个自变量。

$$CARA = \alpha + \beta_1 Gain + \beta_2 NTSP + \beta_3 Size + \beta_4 PB + \beta_5 Young + \beta_6 Loc + \beta_7 Try + \beta_8 Private + \varepsilon \quad (19)$$

$$CARB = \alpha + \beta_1 Gain + \beta_2 LSAP + \beta_3 NTSP + \beta_4 CARA + \beta_5 PB + \beta_6 Young + \beta_7 Loc + \beta_8 Try + \beta_9 Private + \beta_{10} Size + \varepsilon \quad (20)$$

在式(19)和式(20)中,解释变量和控制变量的定义参见表 6—9,α 为常数项,β_i(i = 1,2,3,…,10)为相应自变量的系数,ε 为白噪音。

在进行回归分析前,我们首先分析各连续变量之间的相关关系,结果见表 6—14。从表中可以看出,变量之间的相关度不是很高,大部分相关系数的绝对值都小于 0.3,自变量间不易产生多重共线性。CARA 和 CARB 的相关系数等于 -0.107 且统计上显著,这支持了我们的假说 3。两个解释变量非流通股比重(NTSP)与股改送达率(Gain)的相关系数最高,达到 0.444 且统计上显著,这符合股改的实际情况,只有非流通股比重高的公司才有能力支付较高的对价。

表 6—14 变量的相关系数分析

		CARB	CARA	Gain	LSAP	NTSP	Size	PB
CARB	相关系数	1	-0.107***	0.018	0.094***	-0.103***	-0.068**	0.036
	显著度		(0.001)	(0.576)	(0.004)	(0.002)	(0.040)	(0.281)
CARA	相关系数		1	0.103***	-0.060	0.050	-0.032	-0.015
	显著度			(0.002)	(0.067)	(0.132)	(0.332)	(0.643)
Gain	相关系数			1	0.197***	0.444***	-0.137***	0.014
	显著度				(0.000)	(0.000)	(0.000)	(0.668)
LSAP	相关系数				1	0.011	0.081**	-0.124***
	显著度					(0.728)	(0.012)	(0.000)
NTSP	相关系数					1	-0.133***	-0.282***
	显著度						(0.000)	(0.000)
Size	相关系数						1	0.250***
	显著度							(0.000)
PB	相关系数							1
	显著度							

注:(1)表中的相关系数为皮尔森相关系数(Pearson Correlation),括号内为双尾显著度;(2)***代表1%水平上显著,**代表5%水平上显著,*代表10%水平上显著。

对于式(19)我们首先将全部变量引入方程,其次把解释变量逐一引入方程,最后只将显著变量引入方程,结果见表6—15。从表中可以看出,两个解释中只有一个变量 Gain 的系数显著且大于0,即股改对价高的公司 CARA 高。在控制变量中,Young 和 Try 两个变量一直显著,Loc 变量在多数情况下显著。进一步分析表明,50 家中小企业板公司的平均股改送达率等于 34.1%,而非中小企业板公司的平均股改送达率等于 30.07%,两组之间的差异在统计上显著。43 家股改试点公司的平均股改送达率等于33.51%,而非股改试点公司的平均股改送达率等于30.12%,两组之间的差异在统计上显著。309 家在深圳证券交易所主板市场上市公司的平均股改送达率等于 29.57%，617 家上海证券交易所上市公司的平均股改送达率等于 30.31%，二者之间的差异在统计上不显著。由于 Loc 变量等于 0 时包含了上海交易所上市公司和中小企业板公司，Loc 变量的显著性更多来源于中小企业板公司的高对价。因此，变量 Young 和 Try 对 CARA 影响显著。从式(19)的回归结果看，Gain 对 CARA 的影响显著，NTSP 对 CARA 的影响不显著。

表 6—15 CARA 的多元回归分析

	I	II	III	IV	V
Gain	0.0018***	0.0016**		0.0014**	0.0015**
	(0.010)	(0.012)		(0.017)	(0.013)
NTSP	−0.0003		0.0002		
	(0.470)		(0.615)		
Size	0.0006	0.0005	−0.0015		
	(0.898)	(0.921)	(0.736)		
PB	0.0031	0.0067	0.0104		
	(0.849)	(0.671)	(0.522)		
Young	0.0366*	0.0358*	0.0401*	0.0396**	0.0451***
	(0.089)	(0.095)	(0.063)	(0.049)	(0.024)
Loc	−0.0185**	−0.0176*	−0.0182*	−0.0177*	
	(0.050)	(0.059)	(0.054)	(0.057)	
Try	0.0712***	0.0710***	0.0767***	0.0730***	0.0758***
	(0.001)	(0.001)	(0.000)	(0.000)	(0.000)
Private	0.0120	0.0114	0.0053		
	(0.269)	(0.293)	(0.615)		
Constant	−0.0058	−0.0202	0.0376	−0.0040	−0.1196
	(0.928)	(0.743)	(0.549)	(0.835)	(0.519)
R^2	0.039	0.039	0.032	0.038	0.034
Adj. R^2	0.031	0.032	0.025	0.033	0.031
F	4.67***	5.27***	4.36***	8.92***	10.65***

注：(1)括号内是变量系数 t 检验的显著度；(2)***代表 1% 水平上显著，**代表 5% 水平上显著，*代表 10% 水平上显著。

同样,对于式(20)我们首先将全部变量引入方程,其次把解释变量逐一引入方程,最后只将显著变量引入方程,结果见表6—16。CARB 的4个解释变量中有3个显著,1个不显著。股改送达率($Gain$)变量在式(20)不显著,这表明对价对事件 B 的累计超额收益不再产生显著影响。CARA 在控制其他变量后仍然显著,且系数为负。这支持了我们的假说3,即事件 A 的累计超额收益和事件 B 的累计超额收益存在负相关关系。变量 NTSP 显著且为负。非流通股比重高的公司,一方面会在未来产生较大的扩容压力,另一方面非流通股比重高的公司更容易出现大股东的"侵占",这两方面均会影响投资者对企业未来的预期,导致事件 B 中的累计超额收益下降。流通股赞成股份比重($LSAP$)变量显著为正,流通股股东的表决不仅是对股改方案的赞成度,更是对公司未来前景的一种评判,公司前景好的企业会获得较高的赞成率。控制变量中只有 $Size$ 变量显著。公司规模($Size$)变量显著且小于0,Banz(1981)和 Reinganum(1981)研究发现小公司能比大公司获得较高的超额收益,这表明在事件 B 中也存在规模效应,即小公司在事件 B 中的累计超额收益要较高。

综合式(19)和式(20)的结果看,$Gain$ 对 CARA 的影响显著,而对 CARB 的影响不显著。NTSP 对 CARB 的影响显著,而对 CARA 的影响不显著。这支持了我们的假说2,CARA 和 CARB 的关键影响因素不同。方程(18)结果也支持了我们的假说3,CARA 和 CARB 存在负相关。

表6—16　CARB 的多元回归分析

	I	II	III	IV	V
LSAP	0.0019 *** (0.006)	0.0023 *** (0.001)			

续表

CARA	-0.122***		-0.1257***		
	(0.001)		(0.001)		
NTSP	-0.0018***			-0.0015***	
	(0.001)			(0.002)	
Gain	0.0011				0.0002
	(0.169)				(0.829)
Size	-0.0113**	-0.0119**	-0.011**	-0.0115**	-0.0106*
	(0.031)	(0.022)	(0.035)	(0.027)	(0.047)
PB	0.0197	0.0394**	0.0302*	0.0144	0.029
	(0.303)	(0.031)	(0.094)	(0.440)	(0.110)
Young	0.033	0.0238	0.0268	0.0286	0.0211
	(0.178)	(0.333)	(0.276)	(0.247)	(0.394)
Loc	-0.0041	0.0027	0.0025	0.0002	0.005
	(0.703)	(0.805)	(0.813)	(0.988)	(0.641)
Try	-0.0127	-0.0245	-0.0092	-0.0139	-0.0195
	(0.600)	(0.311)	(0.707)	(0.567)	(0.426)
Private	0.0046	0.0017	-0.0019	-0.0038	-0.0019
	(0.710)	(0.887)	(0.878)	(0.753)	(0.880)
Constant	0.0717	-0.0500	0.1542**	0.2600***	0.1403**
	(0.436)	(0.559)	(0.014)	(0.000)	(0.049)
R^2	0.0442	0.0214	0.0208	0.0198	0.0091
Adj. R^2	0.0336	0.0139	0.0133	0.0123	0.0015
F	4.196***	2.848***	2.771***	2.631**	1.198

注:(1)括号内是变量系数 t 检验的显著度;(2)***代表1%水平上显著,**代表5%水平上显著,*代表10%水平上显著。

4. 稳健性检验

本节进行了如下的稳健性测试:(1)事件区间的延长。我们将事件 A 后和事件 B 前分别增加一个交易日,考察事件 A 的[TA-5,TA+3]和事件 B 的[TB-3,TB+5]的累计超额收益;(2)将股改试点公司从样本中删除;(3)将样本限制在纯送股公司;(4)将控制变量中的市净率变量替换为市盈率。实证结果仍然支持我们的三个假说。

本章小节

中国股票市场自创立时,就形成了股权分置结构。而股权分置结构被认为是阻碍中国股票市场发展的最大障碍。上市公司的大部分股票为非流通股。流通股在证交所竞价交易,非流通股大多以公司的账面价值交易,因而非流通股股东关心公司的账面价值多于市值。流通股所有权与管理层的分离催生了委托代理问题。认识到委托代理问题的严重性后,证监会发起了股权分置改革。在2005年和2006年间,大多数的A股上市公司在证监会的指引下完成了股权分置改革。占总股本约三分之二的非流通股被转换成流通股。这一转换无疑给流通股的交易带来了一次巨大的供给冲击。对此,一方面市场预期上市公司的公司治理得到改善,股票需求曲线上移;但另一方面,因全流通引起的价格压力将导致供给曲线右移。在这样一个供给和需求的理论框架下,我们首先建立股票供给和需求的理论模型,分析在两个冲击下,流通股股东的超额收益将会如何变化。然后,利用市场模型和市场调整模型计算流通股股东在股改复牌前后的累积超额收益,并采用横截面影响因素分析检验其影响因素,以检验中国市场的股票需求价格弹性。

我们实证研究了股改公告的市场效应和股票需求价格弹性。实证研究发现:(1)股权分置改革给流通股股东带来显著为正的超额收益,在从-10至第10个交易日的事件窗内,累积超额收益的均值为4.9%,并显著大于零,有大约78%的股票获得正的超额收益。这说明流通股股东在股改方案投票中理性预期并获得相应回报。(2)累积超额收益与公司治理改善预期显著正相关,本章发现ROA越低的公司的历史代理成本越高,其股改产生的价值效应相对越大;而股权越集中的公司,由于股改对于其资本结构改善有限,故其股改产生的价值效应越小。(3)股权分置改革后,原非流通股将转变为股改后可立即上市交易的对价和限售期满可上市交易的股份。股改支付的对价赠股在复牌后立即可流通,而更大量的非流通股份将在未来解禁之后流通,所以供应冲击包括即时和远期两部分。我们发现市场能够识别这两种冲击并可在定价变化中直接区别两种效应。回归结果显示,累积超额收益对短期冲击反应不敏感,但对远期压力非常显著,表明市场在定价中早已考虑到短期可流通的股份,并对远期即将流通的股票有较强的价格压力。(4)在横截面的影响因素中,本章发现累积超额收益与长期扩容显著负相关,控制了需求增加的公司治理效应后,这一结论依然成立。进一步考虑市场时机和内生性问题得到一致的结论,即股票的需求价格弹性为负,股票的需求曲线向下倾斜。

此外,本章还将股改事件划分为股改宣告和股改实施两个子事件,在此基础上提出了三个假说,实证结果支持了我们的三个假说。假说1:投资者在事件A和事件B中都能获得正的累计超额收益。实证检验结果表明,在事件A和事件B中平均累计超额收益分别达到3.92%和3.62%,且都显著为正。二者合计占整个股改期间累计超额收益的84.2%。在事件A中,超额收益主要来源于事件发生前,表明股改中存在较严重的内幕交易。在事件B中,超额收益主要来源于股改复权日(T4日)。第一类投资者和第二类投资者都能获得正的超额收益。假说2:(1)在事件A中,对价水平高的公司累计超额收益较高;(2)在事件B中,非流通股比重低、股东大会流通股股东赞成比例高的公司累计超额收益较高。已有研究发现很难找到影响股改超额收益的关键变量,且变量的影响方向也不一致。本章实证结果表明,在事件A中投资者更关注股改的"实惠"——对价水平,对价水平高的公司累计超额收益也高。在事件B中,股改对价的影响不再显著,投资者开始关注企业的"未来",非流通股比重低、流通股赞成股份比重高的公司累计超额收益也高。如果我们将两个事件合二为一,非流通股比重和对价水平的影响都不再显著。假说3:(1)事件A中的超额收益会影响事件B中的超额收益;(2)如果事件A中的超额收益较高,则在事件B中的超额收益会较低,反之亦然。相关分析表明,事件A的累计超额收益和事件B的累计超额收益之间的相关系数为负且显著,事件B的超额收益回归分析中事件A的超额收益的系数显著且为负,二者都表明事件A中的累计超额收益会显著影响公司股票在事件B中的累计超额收益,且如果事件A中的累计超额收益较高,则在事件B中的累计超额收益会较低,反之亦然。

第七章　股权分置改革与限售股解禁的信息含量[*]

股权分置改革对资本市场的影响最重要的一个方面就是会给市场带来很大的资金压力。国际上关于股票扩容对市场影响的研究文献很多,如 Scholes(1972)认为股票供给的增加导致价格下跌,是因为股票的需求曲线向下倾斜。Asqith 和 Mullins(1986)的研究表明,公告日股价下跌与股票发行规模显著正相关。相比而言,中国独特的股权分置改革与国外的限售股解禁类似,但又有很大不同。本章研究市场超额收益与解禁期的关系,预期随着解禁期的逐渐来临,市场累计超额收益为负。进一步,本章研究市场超额收益与公司特征的关系。我们预期市场超额收益与公司信息透明度有关,信息透明度越高的公司其股票价格下跌越少。

利用中国独特的股权分置改革限售股解禁的数据,我们发现在解禁前 120 天至解禁后 20 天,股改限售股平均存在 -13% 的累积异常收益,并且价格下跌主要发生在解禁日前 40 天左右。信息发现假说认为,股改限售协议是降低道德风险的一种机制,在禁售期内,流通股股东如果发现公司质量低于股改方案中的预期或者

---

[*] 本章的主要部分发表在《金融研究》2008 年第 4 期。

非流通股股东的不当行为,他们会选择在解禁前出售股票以避免更大损失,从而导致股价在解禁前下跌。回归分析发现,透明度高的股票价格下跌较小,并且公司基本面的改善与解禁前后收益正相关,为信息发现假说提供了支持。实证结果还发现,解禁股的异常收益反映了公司基本面的时序变化和个股差异,为中国资本市场的有效性提供了支持。

第一节 股改限售协议与限售解禁的制度背景

在股权分置改革中,中国股票市场上有大约2/3的非流通股获得了流通权。但是这种流通权并没有在股改实施后立刻得以实现。证监会要求所有的股改方案都采用类似于IPO中采用的限售协议——只有在股改实施一年后,才会有部分非流通股股东的部分非流通股获准上市交易。所有非流通股获得流通权利需要三年时间。公司的股改方案会详细规定非流通股的解禁计划。

《上市公司股权分置改革管理办法》第二十七条要求股改后公司原非流通股股份的出售应当遵守下列规定:(1)自改革方案实施之日起,在12个月之内不得上市交易或者转让;(2)持有上市公司5%以上的原非流通股股东,在前项规定期满后,通过证券交易所挂牌出售原非流通股股份,出售数量占该公司股份总数的比例在12个月内不得超过5%,在24个月内不得超过10%。

另外,公司非流通股东为了使股改方案通过,也会增加一些额外的解禁条款,如延长禁售期、增加其他解禁条件等。例如,限售股最先解禁的三一重工(600031)的股改方案除了满足证监会要求外还额外规定:只有同时满足以下两个条件时,三一集团有限公司方可通过上海证券交易所挂牌交易出售所持有的原非流通股股份:(1)自公司股权分置改革方案实施后的第一个交易日起满二十四个月以上;(2)自公司股权分置改革方案实施后,任一连续5个交易日(公司全天停牌的,该日不计入5个交易日)公司二级市场股票收盘价格达到2005年4月29日收盘价16.95元的112.1%即19元或以上。

因此,股权分置改革中非流通股的流通权不是一次性实现的。实施的股改方案会明确规定各非流通股股东的限售锁定安排。在第一个锁定期之后,会有不超过总股本5%的非流通股获得流通资格。之后,非流通股还会经历多次解禁才会全部上市流通。根据我们的统计,1216家股改公司中,平均每支股票会经历2.96次解禁事件。而从整个市场角度看,股改公司限售股解禁从2006年6月19日三一重工第一笔限售A股解禁开始,到2020年8月4日吉林敖东(000623)最后一笔限售A股解禁结束,15年间共有约4323.3亿股非流通A股上市流通(参见图7—1)。按照2006年6月16日数据计算,约占上市公司总股本的57%。其间,最大的一笔限售股解禁发生在2009年10月10日,中国石化(600028)有570亿股限售股解禁。在限售股解禁日,非流通股股东立刻获得了出售股份的权利。

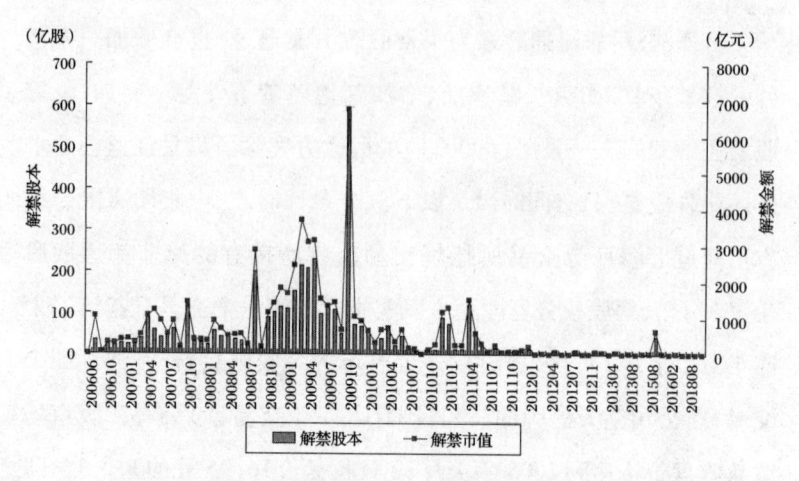

图 7—1　股改限售 A 股解禁时间分布

注：样本为沪深两市所有股改公司限售 A 股解禁数据，样本期限为 2006 年 6 月 19 日至 2020 年 8 月 4 日。在删除数据不完整的 167 次解禁记录后，样本包括发生在 1113 个交易日的 3824 次限售股解禁事件。解禁市值用股票 2007 年 4 月 30 日收盘价计算。每月解禁股本数和解禁市值为当月解禁股票股本数和市值之和。

第二节　理论分析与研究假设

对于限售股解禁对市场的冲击，投资者调查和金融理论得出了不同的结论。金融界网站进行的调查表明，投资者认为解禁后市场上会出现大量的卖单，压低公司股票的价格。在 1831 名被调查者中间，有 60% 认为限售股解禁会对大盘产生重大影响，只有 25% 认为影响不明显。而理论预测则认为，由于解禁参数（解禁日期、解禁数量、解禁附加条件等）在股改方案宣布的时候已经完全确定，如果市场对解禁的预期是无偏的，那么解禁日前后股价不应该产生异常波动。即使对股票的需求曲线是向下倾斜的(Shleifer,1986),从平均程度上投资者也应该能正确预测内部人会出售多少解禁的股票,因此市场的平均异常收益率应该为0(Brav and Grompers,2003)。如果解禁的市场效应显著为负,这说明投资者能通过解禁期识别不同的公司质量并用脚投票。

中国股改意义下的非流通股股东往往在上市公司中充当着大股东的角色。非流通股包括国有股、法人股、自然人股等多种类别,因此,我们相信在国内上市公司中,非流通股控股的公司超过了总数的61.56%。拥有控制权的控股股东有可能利用控股地位获取利益(余明桂,2007)。因此我们假设,股改公司的非流通股股东和流通股股东之间存在道德风险问题,即非流通股股东有可能利用自身的控股地位损害流通股股东利益,为自己谋利。在股改背景下,这种道德风险有两层意义。一是非流通股股东对公司价值的误导。虽然在股改实施前,公司质量是既定并且可观测的,但是在实现了自己的目标后,非流通股股东有可能隐瞒、扭曲或者故意散播某些信息,并以此作为与流通股股东讨价还价的基础,从而人为地抬高了股票的价格;二是在股改方案实施后非流通股股东的不当行为。非流通股股东有可能通过自身的控股地位对公司施加影响,出于自身利益迫使公司牺牲流通股股东利益的。

从监管层面来看,非流通股限售条款主要是为了防止突然间有过量的股票冲击市场(Barlett,1995)。而从公司层面看,根据Brav和Grompers(2003),限售条款可能有两种用途:高质量的公司通过限售锁定向市场发出公司质量的信号;控股股东或管理层将其作为一种承诺机制解决道德风险问题。在股改中,根据承诺机制假设,非流通股股东会使用限售协议这种承诺机制保证以促使股改方案获得通过或者降低支付的对价水平。在禁售期中,流通股股东可以观察企业的变化以及非流通股股东的行为发现公司的真实价值并验证非流通股股东是否履行了自己的承诺。因此,禁售期是流通股股东鉴别道德风险、消除信息不对称的信息发现过程。如果他们发现公司的实际价值低于原先的预期或者非流通股股东存在不当行为,他们会选择在解禁之前出售股票。这是因为在解禁之后,非流通股股东会尽早通过出售持有的股份以实现收益,导致股价下跌,从而流通股股东会遭受更大的损失。因此,对于解禁前后的股价变化,我们可以得到以下假设。

假设1(信息透明度假设):公司的信息透明度与解禁前后股票收益正相关。

Bushman 和 Smith(2003)指出,投资者对信息透明度较高的公司要求的风险补偿较低,因为信息不对称的降低减少了投资者对公司价值估计的风险,也增强了投资者监督管理者道德风险的能力。在股改情境下,如果公司信息透明度较高,公司有关信息传达通畅,那么在制定股改方案时,流通股股东被非流通股股东传播的不真实信息蒙蔽的概率较小。如果股改方案中隐含的对未来的股价的预期是正确的,那么解禁前后就不会存在异常收益。因此,信息透明度较高的公司的股票被非流通股股东人为拉高的可能性较小,价格下跌也较小。另外,根据信息透明度假设,如果一个市场中的信息透明程度较低,信息不对称水平较高,那么解禁前后的股票收益会显著的低于信息透明度高的市场。这可以用来解释解禁所引起异常收益的国际差别。

假设2(信息发现假设):股改后公司业绩与解禁前后股票收益正相关。

禁售期是流通股股东获取信息鉴别道德风险的过程。如果在股改之后,公司的基本面有积极的变化,公司股票收益较高,那么非流通股股东在制定方案时对公司质量和维护其他股东利益的承诺在后验上得到了验证。流通股股东没有发现显著的不对称信息问题,因此不会抛售股票导致股价剧烈下跌;如果公司的表现足够好,超出了流通股股东的预期,那么在解禁前后,股价不但不会下跌,还会上涨。但是如果公司表现显著低于预期,那么流通股股东会发现自己被非流通股股东所欺骗。为了避免解禁之后非流通股股东抛售股票给自己带来更大的损失,他们会在解禁之前就出售手中的股票。因此,假设2还允许价格下跌发生在解禁日之前。

第三节 限售股解禁的市场冲击和异常交易量

本章使用 Wind 资讯提供的股改限售股解禁数据,包括解禁日期、解禁股东名称、解禁数量等变量,并手工对部分解禁日期进行了校正。原始样本中,2006 年 6 月至 2007 年 4 月共有 586 家公司的限售股获得上市流通资格,涉及 5070 家非流通股股东。需要指出的是,这一时间段内,有些公司发生过多次限售股解禁事件,(例如海博股份(600708)有三笔股改限售股分别在 2006 年 12 月 22 日、2007 年 1 月 30 日和 2007 年 4 月 5 日解禁)。由于无法分离窗口期内同一支股票多次解禁对股票收益的影响,我们删除了多次发生限售股解禁的 82 支股票。股票收益数据和公司特征数据来自于清华金融数据和 Wind 资讯。另外,我们还删除了在样本期内发生过停牌、观测数量不足、股价记录异常或者交易不活跃的 29

支股票,最终考察的样本包括在样本期内发生且仅发生过一次解禁事件的475支股票。

一、描述性统计

表7—1列示了样本的描述性统计量。在样本期限中,股改限售股解禁事件逐渐呈增多趋势。由于禁售期一般为一年,限售股解禁的时间分布与股改的时间分布基本一致,只是在时间上相差一年。我们按解禁时间将所有样本划分成5个子样本。2006年8月到10月有限售股解禁的49家公司中,有33家属于股改第一批和第二批试点公司。自2006年11月起大量限售股开始解禁。2006年11月到12月解禁股票数为111支,2007年1月到2月解禁股票数为112支,3月到4月解禁203支。后6个月发生的解禁数量占样本总数的90%。

表7—1 描述性统计量

Panel A	限售股解禁						
时间	样本大小	平均解禁股份数(亿股)	平均解禁股占总股本比例(%)	平均解禁市值(亿元)	平均解禁市值占总市值比例(%)	平均参与解禁非流通股东数(家)	平均锁定期长度(天)	有大非解禁股票数(支)
2006/6—2006/8	28	1.2	13.1	10.7	22.6	9.6	362	12
2006/9—2006/10	21	1.2	13	7.9	20.6	12.2	365	10
2006/11—2006/12	111	0.3	10.2	2.7	19	6.7	364	67

续表

2007/1—2007/2	112	0.4	9.9	3.5	19	7.3	364	65
2007/3—2007/4	203	0.6	10	6.5	18.8	11.5	366	125
全部样本	475	0.5	10.3	5.2	19.2	9.3	365	279

Panel B	公司特征							
时间	样本大小	平均非流通股占总股本比例（%）	平均A股流通股本（亿股）	平均A股流通市值（亿元）	平均总市值（亿元）	平均资产净利率（ROA%）	平均市净率（P/B）	沪市上市公司家数
2006/6—2006/8	28	68.3	4.6	33.3	70.4	5.4	3	21
2006/9—2006/10	21	61.5	4.9	30.7	50.7	5.4	2.5	7
2006/11—2006/12	111	63.7	2.3	18.2	34.8	5.1	2.9	57
2007/1—2007/2	112	61.7	1.9	19.6	41.1	3.8	3.9	73
2007/3—2007/4	203	61.8	2.9	32.7	75	2.6	4.8	124
全部样本	475	62.6	2.7	26.2	56.3	3.8	4	282

注：样本为2006年6月至2007年4月有限售流通股解禁的475支股票。股票解禁数据来自于Wind资讯，公司特征数据来自于清华金融数据库和Wind资讯。解禁市值按限售流通股解禁当日收盘价计算。锁定期按每年360天、每月30天计算。如果非流通股股东解禁股本占总股本5%或5%以上，我们认为该笔解禁为大非解禁；否则为小非解禁。A股流通市值、总市值均以解禁日当日收盘价计算。

平均每笔解禁的股票数量为0.5亿股，占解禁股总股本的10.3%；按解禁当天收盘价计算，平均每笔解禁市值为5.2亿元，占解禁股总市值的19.2%。前两个子样本的平均解禁数量和解禁市值都高于后三个子样本。我们认为，这可能是由于前两个子样本中，解禁的股票大部分是股改试点公司，有关监管机构在审批股改资格时,会倾向于挑选规模较大的一些公司。同样,前两个子样本解禁股占总股本的比例和解禁市值占总市值的比例也高于后三个子样本。

每支股票解禁平均会涉及9.3家非流通股股东。也就是说,在解禁日当天,会有9.3家非流通股股东的限售流通股获得上市流通资格。上面我们报告的解禁股份数量和市值都是股票所有非流通股股东解禁股份和市值加总的结果。另外,我们还根据习惯做法,对限售解禁事件按大非解禁和小非解禁进行了划分。一般说来,大非是持有非流通股股本超过总股本5%的大股东的简称,而持有非流通股股本少于总股本5%的股东则被称为小非。在股改方案中,大非减持的限制比小非更多,比如禁售期更长、条件价格更高等。对于样本中每一支解禁股票,如果涉及的非流通股股东有某一家有5%或超过5%的限售股获得流通资格,我们就认为该非流通股股东属于大非,而该次解禁有大非参与。在全部475次解禁中,有279次涉及大非,占全部样本的59%。需要指出的是,我们的统计方法有可能会低估大非的数量。如果解禁过程中有持股超过5%的大非的参与,但是其当期解禁的比例没有达到总股本的5%,我们的方法就无法将其识别为大非。不过单纯从市场影响角度看,我们的方法能够准确地衡量解禁对市场的冲击,在这里是一个合适的测量方式。

我们用股改实施复牌日至限售股解禁日之间的天数确定限售锁定期长度。在每一个子样本中,按照每年360天,每月30天计算,锁定期都略高于12个月(360天),中间差别不大。全部样本的平均锁定期为 365 天,符合《上市公司股权分置改革管理办法》第二十七条的要求。

二、异常收益

我们使用 Sharpe(1964) 和 Lintener(1965) 的 CAPM 模型计算股票异常收益。我们将解禁日定义为第 0 天,解禁日前第 t 天定义为第 -t 天,解禁日后第 k 天定义为第 +k 天。为了计算股票 i 在 [d1,d2] 天的累积异常收益 CAR,我们首先使用解禁日前第 230 天至解禁日前 131 天共 100 天的日收益数据估计 β,然后计算解禁前 120 日之后每天的异常收益:

$$AR_{it} = r_{it} - \hat{\beta}_i r_{mtt} \tag{1}$$

式(1)中 AR_{it} 是股票 i 在相对于解禁日第 t 天的异常收益,r_{mt} 是市值加权全市场指数在相对于解禁日第 t 天的超额收益,$\hat{\beta}_i$ 是根据 CAPM 模型利用 [-230,-131] 天日数据估计的风险系数。求出每天的异常收益之后,我们对 [d1,d2] 天的异常收益求和得出累积异常收益 CAR:

$$CAR_i = \sum_{t=d1}^{d2} AR_{it} \tag{2}$$

我们用解禁日前 120 天至解禁日后 20 天 CAR 时间序列绘制图 7—2。三种方法调整的 CAR 都显示,在解禁日前后 141 天,限售股经市场调整后的价格急剧下跌。并且这种价格下跌主要集中在解禁前 100 天至前 40 天。我们发现在解禁日后,CAR 没有反转现象,这说明,这种异常收益造成的损失是永久性的。

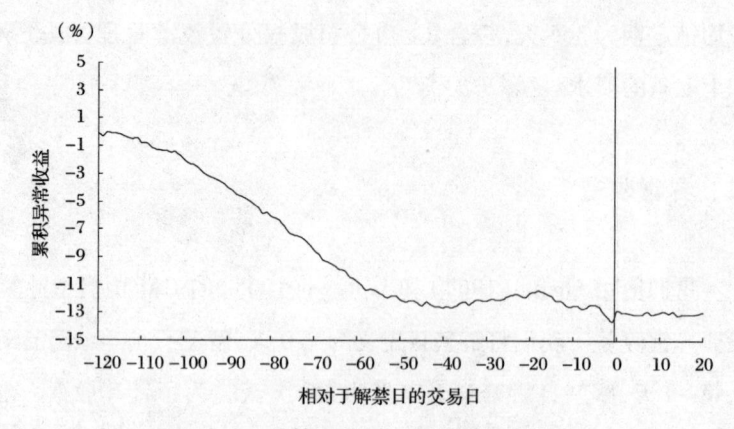

图7—2 解禁日前后股票累积异常收益

注：使用市值加权全市场指数收益对个股原始收益进行调整。图中每一交易日对应超常收益为样本平均值。样本为2006年6月至2007年4月475起限售流通股解禁事件。

表7—2列出了不同窗口期[d1, d2]对应的 CAR。在解禁日前120天到后20天，CAR 在经济上和统计上都显著为负（均值采用双尾 t 检验，中位数采用符号秩检验）。按 CAPM 调整均值为 -13%，中位数为 -16%。与图7—2显示的一致，经市场调整的价格下跌主要发生在解禁日前120天至前40天（CAR 均值为 -14.9%，中位数为 -18.8%），之后价格没有反转。事实上，我们还检验了解禁前40天到解禁后20天的价格变化，并没有发现显著的正 CAR，这验证了价格下跌的永久性。在临近解禁日的几天，价格又有所下跌，解禁日前5天至解禁日的 CAR 显著为负值（均值为 -1.2%）。最后，我们还发现全样本475家公司中，68%的公司在[-120, 20]天的141天窗口期 CAR 为负值。这表明我们发现的负 CAR 不是极值观测导致的。

第七章 股权分置改革与限售股解禁的信息含量

表7—2 限售股解禁日前后异常收益

窗口期	均值	中位数	窗口期	中位数	均值
第-120至-40天	-14.9**	-18.8**	第+1天	-0.1	-0.7**
第-120至-1天	-13.7**	-15.1**	第0至+20天	0.6	-0.4
第-5至-1天	-1.2**	-2.3**	第-120至+10天	-13.0**	-16.6**
第-1天	-0.3**	-0.5**	第-120至+20天	-13.0**	-16.0**
第0天	0.7**	0.4**			
-120至+20天CAR为负比例		67.8%			
样本规模		475			

注：*样本为2006年6月至2007年4月475起限售股解禁事件；累积异常收益是根据CAPM模型调整计算得出的第t天异常收益；**在5%的置信水平下显著不等于0（均值采用双尾t检验；中位数采用符号秩检验）。

三、异常交易量

我们使用两种方法计算异常交易量。首先，我们将正常交易量定义为解禁日前230天至解禁日前131天共100天的平均日成交数量。第t天异常交易量等于当天成交数量超出平均成交数量的比例。具体定义如下：

$$AV_{iT} = \frac{V_{it}}{\frac{1}{100}\sum_{t=-230}^{-131} V_{it}} \quad (3)$$

Lynch和Mendenhall（1997）的方法则考虑了整个市场交易活跃程度对个股交易量的影响。直观上，他们的方法定义的异常交易量比较适用于股改前后国内股市高涨，市场交易量显著上升的背景。具体的，每天交易量定义为

$$LMV_{it} = \log(1+V_{it})/\log(1+E_{it}) \quad (4)$$

其中V_{it}是股票i在第t天的交易金额，E_{it}是股票当天的流通市

值。这种方法实际上定义的是股票的换手率。然后我们使用 Ajinkya 和 Jain(1989)的方法估计异常交易量。首先使用解禁日前 230 天至解禁日前 131 天交易量数据估计个股交易量对市场交易量的敏感程度 b_i:

$$LMV_{it} = a_i + b_i LMV_{mt} + e_{it} \tag{5}$$

其中 $LMV_{mt} = \log(1 + V_{mit})/\log(1 + E_{mt})$,$V_{mt}$ 是沪深两市 A 股总交易金额,E_{mt} 表示 A 股总市值。Ajinkya 和 Jain(1989)发现式(5)中残差项是一个 AR(1)过程,因此我们使用 Yule-Walker 方法估计回归系数。最后,股票 i 第 t 天异常交易量(换手率)定义为:

$$LMAV_{it} = LMV_{it} - a_i - b_i LMV_{mt} \tag{6}$$

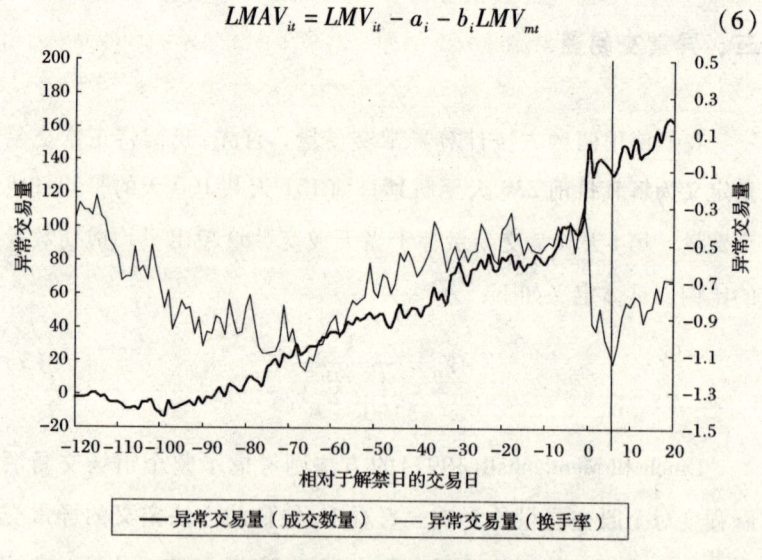

图 7—3 股票解禁日前后股票异常交易量

注:异常交易量(成交数量)使用股票在解禁日前 230 天至前 131 天的平均成交数量作为基准计算异常交易量。异常交易量(换手率)使用 Lynch 和 Mendenhall(1997)的方法计算,考虑了市场对个股交易量的影响。解禁日前 230 天至前 131 天为估计期。图中每一交易日对应异常交易量为样本平均值。样本为 2006 年 6 月至 2007 年 4 月 475 起限售股解禁事件。

图 7—3 中是日异常交易量样本均值时间序列。我们主要关注限售股解禁日前后短期内异常交易量的变化,因此我们使用股票在 -230 至 -131 天的平均交易量作为基准计算异常交易量。如果我们不考虑整个市场交易活跃程度的变化,按每日成交数量计算,随着解禁日的临近,交易量一直呈上升趋势。在解禁日当天,交易量比解禁前的基准交易量高 150% (t = 13.5)。解禁之后,交易量继续上升,最高点比解禁前基准交易量高 166%。这种交易量的上升也是永久性的,解禁之后 20 天交易量一直稳定在解禁前平均交易量的 140% 以上。交易量的上升的一个可能的原因是,限售股解禁后原非流通股股东开始抛售解禁的限售流通股。表 7—1 显示,在解禁日可交易流通股本增加了 10.3%/(1 - 62.6%) = 35%。

表 7—3 稳健性检验

Panel A　12 月效应检验

12 个月标准	锁定期 = 12 个月 观测数	CAR%	负 CAR%	锁定期 ≠ 12 个月 观测数	CAR%	负 CAR%	CAR 差异%
360 ±1 天	304	-13.6** (-7.0)	68.8	171	-12.9** (-5.1)	67.3	-0.07 (-0.25)
360 ±5 天	388	-13.7** (-8.2)	69.3	87	-11.5** (-3.0)	63.2	-0.02 (-0.59)
360 ±10 天	428	-13.3** (-8.3)	68.0	47	-13.1* (-3.2)	70.2	-0.1 (-0.03)

Panel B　残差相关性检验

时间段	观测数	占样本比例%	CAR%	t 统计量	CAR 为负%
2006/6—2006/8	28	5.9	1.1	0.16	53.8
2006/9—2006/10	21	4.4	-0.2	-0.03	57.1
2006/11—2006/12	111	23.4	-16.8**	-5.3	71.8
2007/1—2007/2	112	23.6	-15.4**	-6.1	72.0
2007/3—2007/4	203	42.7	-14.2*	-5.7	67.5
全部样本	475	100.0	-8.3**	-6.1	67.7

注:**、*** 分别表示在 5% 和 1% 的置信水平上显著(双尾 t 检验)。Panel A 中检验假设方差相等。样本为 2006 年 6 月至 2007 年 4 月 475 起限售股解禁事件。CAR 指解禁前 120 天至解禁后 20 天共计 141 天的按 CAPM 调整累积异常收益。

更加准确地估计限售股解禁对个股交易量的影响必须考虑到市场整体的交易活跃程度。在我们的样本期内(2006年6月至2007年4月),A股市场正处于快速上涨过程中,整个市场的绝对交易额都在快速上涨。Lynch和Mendenhall(1997)的方法则剥离了市场的影响。另外,这种方法定义的交易量测算的是个股日交易量占流通股本的比例,即换手率,因此在绝对值上会偏小。这种方法得出的结果与先前的相反。从解禁日前120天开始,解禁股的交易量(换手率)一直比估计期的平均水平低0.6%左右,而在解禁日当天,异常交易量(换手率)为-0.5%,并且在统计上是显著的(t=2.9)。也就是说,在股票解禁之后,虽然股票的绝对交易量在上升,但是并没有上升到新流通市值应有的交易量的水平。

第四节 限售股解禁的信息含量

我们的信息发现假说是否能够解释解禁日前后的异常收益波动?在这一部分,我们对第三部分提出的统计假设进行检验。另外,我们还控制了其他一些对IPO限售股解禁前后异常收益有解释能力的理论,包括下斜需求曲线假说和投机泡沫假说。

一、信息发现与异常收益

我们的信息透明度和信息发现假说预测,公司信息透明度与解禁前后股票收益正相关,股改后公司基本面变化和市场业绩与收益正相关。我们使用若干种代理变量测算公司的信息透明度。首先,从股票的风险角度看,透明度较高的公司的风险会比较低。因此,我们使用股票的 β(测量市场风险)作为公司信息透明度的代理指标。类似地,信息不对称程度也与股票收益波动率(测量总体风险)有关。收益率的波动与普通投资者获得的上市公司的信息的数量和质量有关,低波动性代表信息不对称程度较低,反之亦然(French and Roll,1986;Leuz and Verrecchia,2000;张程睿、王华,2007)。另外,从公司特征看,大公司的股票流动性好,受到的市场的关注也多,信息透明度也比较高,因此,公司规模也可以作为信息透明度的代理变量;最后,解禁的某些特征也可以提供信息透明度的有关信息,其中包括解禁涉及的股东数量。如果解禁的股东比较多,信息比较分散,信息不对称程度也比较低。

为了验证流通股股东的信息发现过程,我们从基本面和市场表现两个角度考察公司的业绩改善。在基本面方面,我们使用季度每股收益的改善描述公司盈利能力的改善。具体定义为解禁日所属季度的 EPS 减去股改方案实施日所属季度的 EPS。如果公司的基本面能力有所改善,流通股股东会发现公司的质量和预期的差距较小,因此股价下跌也会比较小。在市场表现方面,我们在回归分析中加入 Run-Up 效应[Odean,1998,定义为股改实施日至解禁前 120 日的累积收益]检验假设 2。Run-Up 效应较大的股票在股改方案实施后的市场表现比较好,因此低于流通股股东预期的概率较小,股价下跌也应该比较小。根据信息发现假说,我们可以使用以下回归模型分析解禁日前后 CAR 的决定因素。

表 7—4　累积异常收益回归分析——信息发现假设

解释变量/回归式	（7）式	（8）式	（9）式
截距项	/	-14.1** (2.1)	/
β	-68.1*** (12.0)		-65.2*** (11.8)
价格波动率（百分点）	-3.0** (2.2)		-3.3** (2.4)
平均流通市值（亿元）	0.63*** (8.9)		0.63*** (8.9)
解禁股东数量（家）	0.2*** (2.9)		0.22*** (3.0)
EPS 超额增长（分）		0.6*** (5.5)	0.5*** (5.9)
Run-Up 效应（百分点）		-0.1 (1.8)	-0.02 (0.6)
Adj. R^2	46.0%	10.2%	49.6%
F 统计量	26.7***	4.9***	27.4***

注：**、** 在 5% 和 1% 的置信水平下显著（双尾 t 检验）。

样本为 2006 年 6 月至 2007 年 4 月 475 起限售股解禁事件。141 天 CAR 指解禁前 120 天至解禁后 20 天共计 141 天的根据 CAPM 模型调整的累积异常收益。β 值使用解禁前 131 日至 230 日收益估计。Run-Up 效应 = log(1 + 股改实施日至解禁前 130 天累积收益)。价格波动率为解禁前 230 天至 131 天 100 天收益率标准差 * $\sqrt{2.5}$。平均流通市值为解禁前 230 天至 131 天 100 天公司流通市值的平均值。EPS 增长 = 解禁日所处季度 EPS - 股改实施日所处季度 EPS。回归中已经控制行业效应。括号中为 t 统计量值。

$$CAR = a + b_1\beta + b_2\sigma + b_3SIZE + b_4NUH + \varepsilon \quad (7)$$

$$CAR = a + b_1 Runup + b_2\Delta EPS + \varepsilon \quad (8)$$

$$CAR = a + b_1\beta + b_2\sigma + b_3SIZE + b_4NUH + b_5Runup + b_6\Delta EPS + \varepsilon \quad (9)$$

其中式（7）检验假设 1，式（8）检验假设 2，式（9）考虑两个假设的总体解释能力。另外，在回归分析中我们还控制了行业虚拟变量，简要起见，我们没有在式（7）至（9）和回归结果中列明。另外，我们还试图控制 Fama-French 模型中的 SMB 和 HML，但是这两个变量在回归中并不显著，对结果也没有重要影响，因此式（7）至（9）省略了这两个变量。

表7—4第2列报告了对假设1的检验结果。我们发现在95%置信水平下,我们选择的4个信息透明度代理变量都对 CAR 有显著影响。其中,代表股票市场风险的 β 每增加1,价格下跌68%(t=12);代表股票总体风险的标准差每增加一个百分点,价格下跌3%(t=2.2);代表公司规模的公司流通市值每增加1亿元,对应的股价下跌会减少0.63%(t=8.9);解禁股东数量每增加1家,CAR 会上升0.2%(t=2.9)。以上结果支持我们的假设1:信息透明度越高的股票,在解禁前后的价格下跌越小。表7—4的第3列报告了假设2的检验结果。我们选择 EPS 变化作为公司基本面变化的代理变量,发现 EPS 每增加0.01元人民币,调整后的价格会上升0.6%,并且这种效应在99%的置信水平下是显著的(t=5.5)。我们没有发现 Run-Up 效应与 CAR 之间存在显著的关系(回归系数在经济上和统计上都不显著)。因此,回归结果至少在部分支持了假设2:股改后公司基本面有所改善的股票价格上升比较多。投资者会根据公司的业绩表现选择出售或继续持有即将解禁的股票。表7—4的第4列是对我们的信息发现假说的整体检验。与(7)式和(8)式的回归结果相比,(9)式的回归结果基本相同,各回归系数显著性和方向都是一致的,只是在大小上略有差异。需要指出的是,我们的假说一共可以解释49.6%的 CAR 波动,其中信息透明度部分可以解释46%,信息发现部分可以解释10.2%,具有较强的解释能力。

二、控制下斜需求曲线效应

在对 IPO 限售股解禁的研究中,较多文献支持了下斜需求曲线理论,如 Field 和 Hanka(2001)、Ofek 和 Richardson(2000)等。限售股解禁以后,如果原非流通股股东出售自己的股份,那么公众投资者需要持有更多的股票。如果投资者对股票的需求曲线是向下倾斜的,随着股票供给的增加,价格会永久性下跌。文献中对需求曲线是否向下倾斜的检验结果并不一致。Bagwell(1992)对股票回购,Shleifer(1986)、Lynch 和 Mendenhall(1997)对 S&P 500 指数变动影响的研究发现需求曲线向下倾斜;而 Kandel、Sarig 和 Whol(1999)对以色列市场 IPO 的研究则发现了较为平坦的需求曲线。Brav 和 Gompers(2003)分析了美国市场上股价对 IPO 限售股锁定协议到期的反应,发现随着股票供给的增加,股价平均会下跌 2%;Field 和 Hanka(2001)对美国市场 IPO 限售股解禁的研究也认为需求曲线向下倾斜对解禁日前后的负 CAR 有部分解释能力。相关性更强的结果是 Beltratti 和 Caccavaio(2007)对股权分置改革实施阶段进行的事件研究,他们发现的股票供给对股价有负影响,这一证据支持,在中国市场股票需求曲线也是向下倾斜的。

需求曲线向下倾斜这一假设预测,解禁日前后股票异常收益的大小与股票供给增加的大小负相关。除了股票解禁数量之外,解禁是否有大非流通股股东参与也与实际市场上的供给压力有关:大非流通股股东作为公司的大股东,相对于一般股东和普通投资者,掌握了更多的公司信息。如果大非流通股股东在解禁之后大量出售股票,这说明他们对公司缺乏信心,也证明公司的前景堪忧。显然普通投资者会跟随大非股东抛售股票,如果需求曲线向下倾斜的假设成立,那么股价会大幅下跌。例如,Field 和 Hanka(2001)发现多于预期的内部人出售行为是 IPO 限售股解禁前后股票负异常收益的部分原因。

表7—5 的第 2 列和第 3 列报告了我们控制下斜需求曲线效应后的结果。我们使用解禁市值占流通市值的比例和是否有大非参与描述股票供给的增量。回归结果显示,下斜需求曲线对 CAR 有非常微弱的解释能力。如果直接对供给增加的两个代理变量进行回归,那么解禁比例不显著,大非参与虚拟变量显著,但是方向都是正确的。更加重要的是,表7—5 第 3 列的回归结果显示,控制了下斜需求曲线效应后,信息发现假说的各代理变量的显著性和大小仍然没有显著变化。并且单纯考虑需求曲线效应的回归模型修正的 R^2 只有 6.8%,解释能力远低于同时考虑信息发现假说和需求曲线效应的模型(R^2 = 50.2%)。并且在这一回归中,大非虚拟变量不再显著,解禁比例的显著性也比较弱。这说明,需求曲线假设理论的解释能力即使是显著的,也非常有限。

表7—5 累积异常收益回归分析—控制其他影响

解释变量/回归式	需求曲线	(9)+需求曲线	投机泡沫	(9)+投机泡沫
截距项	-6.1 (0.9)	/	-19.4*** (2.8)	/
β		-64.4*** (11.2)		-65.2*** (11.5)
价格波动率(百分点)		-2.8** (2.1)		-2.7 (1.8)
平均流通市值(亿元)		6.2*** (9.1)		5.8*** (7.7)
解禁股东数量(家)		0.24*** (3.3)		0.22*** (2.9)
EPS 增长(分)		0.5*** (5.9)		0.5*** (5.9)
Run-Up 效应(百分点)		-0.02 (0.8)		-0.02 (0.5)

续表

解禁市值/流通市值（百分点）	-0.1 (1.5)	-0.1** (2.2)		
大非参与虚拟变量	-9.3*** (2.9)	-2.2 (0.8)		
异常换手率（百分点）			2.4** (2.0)	1.5 (1.6)
异常交易量（百分点）			3.3 (1.4)	0.4 (0.2)
Adj. R²	6.8%	50.2%	6.6%	49.8%
F 统计量	3.5***	25.4***	3.4***	25.0***

注：**、***在5%和1%的置信水平下显著（双尾 t 检验）。

样本为2006年6月至2007年4月475起限售股解禁事件。141天 CAR 指解禁前120天至解禁后20天共计141天的根据 CAPM 模型调整的累积异常收益。β值使用解禁前131日至230日收益估计。Run-Up 效应 = log(1 + 股改实施日至解禁前130天累积收益)。价格波动率为解禁前230天至131天100天收益率标准差乘以 $\sqrt{2.5}$。平均流通市值为解禁前230天至131天100天公司流通市值的平均值。EPS 增长 = 解禁日所处季度 EPS - 股改实施日所处季度 EPS。异常交易量和异常换手率以解禁前230天至131天数据为基准分别按式(3)和式(6)计算。各回归中已经控制行业效应。括号中为 t 统计量值。

三、控制投机泡沫效应

Hong、Scheikman 和 Xiong(2006)指出，IPO 股票解禁前后的价格下跌与股价中的投机泡沫破裂有关。Miller(1977)和 Chen et al. (2002)认为，如果投资者存在不同质的信念(belief)并且市场存在卖空限制，那么股票价格反映的是乐观的投资者的预期。这种乐观效应会导致股票价格偏高。Harrison 和 Kreps(1978)以及 Scheikman 和 Xiong(2003)认为，投资者愿意支付高于股票实际价值的价格，因为他们认为未来可以将股票转手给出价更高的买主。这种再出售的期权导致股价中产生投机泡沫。Hong、Scheikman 和

Xiong(2006)证明,股票流通市值的增加实际上等同于股票再出售期权的执行价格上升,从而期权价值降低,股票价格中的投机泡沫破灭。因此,给定流通市值增加的幅度,如果原先价格中投机泡沫成分比例较大,那么价格下跌的幅度也较大。

Hong、Scheikman 和 Xiong(2006)的模型还证明,由于交易量(用换手率测算)与投机交易活跃程度相关,解禁后流通市值上升导致投机泡沫破灭,股票交易量会下降。

直观上上述模型与中国市场相关性很高。国内市场的特征与 Hong、Scheikman 和 Xiong(2006)模型的基本设定和结果非常类似:流通市值有限、限制卖空和投机性强。对于最后一点,2002年中国股市的换手率高达224%(Allen et al.,2005),相比之下,同期纳斯达克和纽交所的换手率只有160%和95%(Hwang、Zhang 和 Zhu,2006)。另外,Mei、Scheikman 和 Xiong(2005)对 A—B 股溢价的研究表明,A 股相对 B 股的溢价是投机交易造成的。另外,图7—3中的结果显示,股改限售股的换手率在解禁后显著下降,这也与 Hong、Scheikman 和 Xiong(2006)模型的结论一致。

表7—5第3列和第4列报告了控制投机泡沫效应的结果。我们参照 Mei、Scheikman 和 Xiong(2005)及 Hwang、Zhang 和 Zhu(2006)的做法,使用异常换手率和异常交易量作为投机交易的代理变量。表7—5第3列对这两个变量单独回归的结果显示,CAR 与异常换手率显著正相关,与异常交易量关系不显著。这与投机泡沫假设的预测相反。在第4列中,异常换手率和异常交易量的系数都不显著,并且符号也与预测相反。加入投机泡沫效应后,模型的解释能力(修正 R^2 = 49.8%)相对于(9)式(修正 R^2 = 49.6%)也没有显著提高。因此,我们认为,投机泡沫假设对解禁前后的异

常收益没有显著的解释能力。

四、对市场有效性的启示

表7—4中假设1的检验结果显示,信息透明度较高的股票的累积收益比较高。也就是说,投资者有能力静态地鉴别公司的质量(规模、风险等)。如果公司质量较好,他们会选择继续持有股票,因此股票的价格下跌也比较小。在这一部分,我们进一步讨论投资者对公司基本面的动态识别能力。也就是说,公司基本面的变化(交叉/时序)是否能够反映在公司的股价中。

具体地,我们将样本中所有股票按照CAR值大小分成3组,然后比较不同时期CAR最高的一组(后1/3)和CAR最低的一组(前1/3)对应的基本面变量的大小。为了控制行业整体影响,我们使用行业均值对公司的EPS、ROA、ROE和营业利润率进行调整。如果基本面的变化能够反映在股票价格变化中,那么,CAR较大的股票的基本面会优于CAR较小的股票。交叉比较的结果支持我们这个假设。表7—6第6列显示,如果考虑解禁日对应季度的基本面变量,CAR较高的一组股票显著高于CAR较低的一组。例如,后1/3股票的EPS高出行业均值5.41分,前1/3股票EPS低于行业平均水平1.7分,前者比后者高7.1分,并且这一差别在99%的置信水平下显著。类似地,我们发现CAR的变化已经反映了调整ROA和调整ROE的区别。对营业利润率分析的结果虽然不显著,但是在方向上与我们的预测是一致的。

通过比较表7—6第3列和第6列,我们还发现了支持投资者鉴别基本面时序变化能力的证据。这为我们的假设2提供了进一步支持。表 7—6 第 3 列显示,在股改方案实施日对应季度,CAR 较高一组股票与较低一组股票的基本面变量并不存在明显差异。调整 EPS、ROA、ROE、营业利润率之间的差异都不显著,调整 EPS 差异的符号还与解禁日对应季度的 EPS 差异相反。以上结果说明,在股改实施日前后,两组股票的质量非常类似,投资者无法区分这两类股票。随着公司的基本面发生变化,投资者会选择买入基本面好转的股票(CAR 上升),卖出基本面恶化的股票(CAR 下降)。因此,到解禁日前后,按 CAR 区分的两组股票之间的基本面出现了显著差异。

因此,我们的结果证明,普通投资者有能力鉴别股票基本面的变化,无论是在交叉比较意义上还是时序变化意义上。市场收益能够反映股票的基本面变化,从而为市场有效性假说提供了支持。

表 7—6 基本面分析

	方案实施日所属季度			解禁日所属季度		
	前 1/3 (1)	后 1/3 (2)	差额 (3) = (2) − (1)	前 1/3 (4)	后 1/3 (5)	差额 (6) = (5) − (4)
调整 EPS	4.84*** (5.88)	3.95*** (4.23)	−0.89+ (0.71)	−1.7 (1.64)	5.41*** (5.2)	7.1***+ (4.84)
调整 ROA	1.13*** (7.25)	0.82*** (5.31)	0.31+ (1.39)	0.48** (2.23)	1.38*** (6.49)	0.89***+ (2.94)
调整 ROE	1.19 (1.77)	3.84** (2.27)	2.66++ (1.46)	−3.46*** (4.9)	0.29 (0.5)	3.76***++ (4.09)
调整利润率	4.75*** (3.6)	4.82** (2.37)	0.08++ (0.03)	1.19 (1.02)	1.34 (0.95)	0.15++ (0.08)

注:调整 EPS/ROA/ROE/营业利润率 = 当期公司 EPS/ROA/ROE/营业利润率 − 当期行业平均 EPS/ROA/ROE/营业利润率。按照解禁前 120 日至解禁后 20 日 141 天 CAR 将所有股票均分为 3 组。前 1/3 指 CAR 最低的一组股票(CAR 均值 = −48.00%,t = 38.37),后 1/3 指 CAR 最高的一组股票(CAR 均值 = 23.04%,t = 12.70)。中间一组(CAR 均值 = −15.97%,t = 27.62)没有在表中报告。括号中为 t 统计量;** 和 *** 分别表示在 5% 和 1% 的置信水平下显著(双尾 t 检验);+ 表示 t 检验假设两总体方差相等;++ 表示 t 检验假设两总体方差不相等。

本章小结

本章对股改限售股解禁的研究发现在解禁日前 120 天至解禁日后 20 天,解禁股平均存在 -13% 的累积异常收益,价格下跌主要发生在解禁日前 40 天左右。解禁之后,解禁股价格并没有反转,说明这种价格损失是永久性的。解禁日之后,解禁股的平均日成交数量比解禁前上升了 150%,但是在扣除市场影响后,换手率永久性地下降了 0.6 个百分点。

我们的信息发现假说可以解释这种价格下跌。我们认为,股改限售协议是解决非流通股股东和流通股股东之间道德风险问题的一种机制,而禁售期是流通股股东的信息发现过程。由于非流通股股东和流通股股东之间存在不对称信息,前者在与后者协商股改方案时有动机扭曲相关信息为自身牟利,或者在方案实施之后从事不利于流通股股东的行为。在禁售期内,流通股股东如果发现公司质量低于股改方案中的预期或者非流通股股东的不当行为,他们会选择在解禁前出售股票以避免更大损失,从而解释了为什么解禁股价格下跌发生在解禁日之前。另外,如果非流通股股东发现公司质量优于预期,他们会选择买入股票,这为某些股票的正异常收益提供了解释。

实证结果能够支持我们的假说。回归分析发现,透明度高的公司股票价格下跌较小,说明道德风险低的股票价格虚高的部分较小;公司基本面的改善与解禁前后收益正相关,证明投资者能够根据禁售期内发现的新信息对股票的道德风险做出判断,并采取相应的持有/卖出决策。另外,信息发现假说对累积异常收益有较强的解释能力,我们的回归模型能够解释50%的 CAR 波动。我们还控制了下斜需求曲线和投机泡沫对异常收益的效应,发现这两种理论对信息发现假说的解释能力没有显著影响。

  信息发现假说的实证结果还支持了中国资本市场的有效性。首先,投资者能够根据公司基本面的时序变化做出买入/卖出决策,实证结果发现,解禁股的 CAR 反映了个股的基本面改善,基本面改善较大的股票 CAR 较高;其次,投资者能够区分不同股票的基本面优劣并相应地做出投资决策,我们的结果显示,CAR 较高的股票基本面显著优于 CAR 较低的股票。也就是说,公司基本面的变化已经反映在市场价格变化中,从而验证了中国市场的有效性。

第八章 研究发现和政策建议

第一节 主要研究发现

一、股权分置改革与公司治理

本书以主成份分析法构建公司治理指数 CGI。所采用的 16 个公司治理指标涵盖控股股东行为和股东权益、董事会治理、经理层治理和信息披露四个方面。单变量检验和差分回归方程检验的结果表明：(1) 股改样本的公司治理指数在股改后有显著提升（显著程度和提升幅度都大于全样本）；(2) 在公司治理的四个维度中，股权分置改革对控股股东的影响最大最显著，对其他三个维度的影响则短期并不显著；(3) 终极产权为国有和股权集中的公司，改善公司治理的动机更强，公司治理水平得到更大的改善；(4) 我们研究了股改进度与公司治理改善的关系，比较了已经完成股改的公司和尚未股改公司在公司治理改善上的差异，以进一步控制样本的自选择问题，实证检验发现已实施股权分置改革的公司比尚未实施股权分置改革的公司在公司治理水平上有更大的提高。

此外,在具体的公司治理方面,计量检验的结果发现,股权分置改革确实可以有效地提升上市公司自愿性信息披露水平,表明股改之后公司控制者会更加关注资本市场的变化,存在提高公司透明度的动机。进一步将公司自愿性信息披露划分为财务性信息披露和非财务性信息披露,我们仅发现了股改有助于改善上市公司非财务性信息披露的证据,而对财务性信息披露并没有显著影响。之所以产生这样的差异,我们认为与信息披露的专有化成本有关,在专有化成本的假说下,公司信息披露是有成本的,尤其是公司的核心信息会有利于竞争对手的判断,从而有损于公司自身的经营。而从信息本身特征来看,财务信息显然要比非财务信息更牵动着公司的核心竞争力,能给竞争对手更多有用的信息,也更能威胁到公司自身的竞争力。因此,股权分置改革仅能显著提高上市公司非财务信息自愿性披露水平,而对财务信息自愿性披露水平的影响并不显著。我们还进一步研究了股权分置改革对于自愿性信息披露影响的内在机理,发现股权分置改革可以显著改善公司治理质量,进而有助于提升公司的透明度。

二、股权分置改革与机构投资者积极行为

中国股权分置改革过程中,机构投资者的行为对股改对价有很大的影响。股权分置改革本质上是通过上市公司的非流通股股东和流通股股东之间的利益平衡和协商机制让非流通股逐步流通,非流通股股东为了获得流通权,需向流通股股东支付对价以平衡相互利益。然而在股改对价的协商、谈判过程中,普通流通股股

东往往存在"搭便车"的现象。因此,持有大量流通股的机构投资者便成为与非流通股股东进行谈判的关键对手,机构投资者是积极与非流通股股东讨价还价、维护流通股股东利益,还是与非流通股股东合谋、损害中小投资者利益是理论和实践关注的重点。我们的实证研究结果表明,机构投资者持股比例与非流通股股东支付的对价存在正"U"形关系;机构投资者持股比例越高,非流通股股东做出承诺的可能性越高;机构投资者持股比例越高的公司,股改方案复牌日累计超额回报率越高。研究结果表明机构投资者在股权分置改革中发挥了积极作用,同时保护了广大中小投资者的利益。

三、股权分置改革、控制权价值与利益侵占

股权分置改革一般采用送股的形式,这为大股东带来重大的影响。首先,大股东的控制权比例会降低,其次,全流通会纠正大股东的利益侵占行为。我们利用中国家族上市公司股权分置改革前后的季度时间数据,实证研究股份全流通纠正终极控制者利益取向的有效性,进而对股改的公司治理效果做出判断。本书的研究表明:股权分置改革的确导致了大部分家族终极控制权的下降,不过一些家族终极控制者通过收购股权、定向增发等形式来巩固对上市公司的控制权;在利益侵占领域,股改之后家族终极控制者掏空上市公司的程度呈显著下降;进一步研究发现,股改之后家族终极控制者的掏空动机显著减弱。全流通确实有效地纠正了上市公司终极控制者的利益取向,股权分置改革取得了预期的改善公司治理的效果。

四、股权分置改革与市场反应

本书首先建立股票供给和需求模型,分析在扩容压力以及公司治理改善两个冲击下,流通股股东的超额收益将会如何变化。我们进而利用市场模型和市场调整模型计算流通股股东在股改复牌前后的累积超额收益,实证检验其截面影响因素。实证检验发现,累积超额收益和远期股票供给量成负相关关系。在控制流通股供给冲击效应之后,我们还发现公司盈利能力和非流通股集中度与股改价格效应负相关。股权分置改革的总体效应由负向的价格压力效应和正向的公司治理效应两部分组成。股票需求的非弹性假说带来的价格压力负面效应以及股权分置改革对委托代理问题的减轻产生的正面效应同时存在,且公司治理的正面效应大于价格压力的负面效应。整体而言,股权分置改革给流通股股东带来显著为正的超额收益;实证研究发现,在从第-10至第10个交易日的事件窗内,累积超额收益的均值为4.9%,并显著大于零,有大约78%的股票获得正的超额收益。这说明流通股股东在股改方案投票中理性预期并获得相应回报。进一步考虑市场时机和内生性问题,我们得到一致的结论。

此外,在股权分置改革中公司需要进行两次停牌,本书还进一步根据这两次停牌将股改划分为股改宣告和股改实施两个事件,研究两个事件中是否存在超额收益以及其两个事件之间的关系。实证研究发现,投资者在两个事件中都能获得正的累计超额收益。但在宣告事件中,投资者更关注股改的"实惠"——对价水平,对价水平高的公司累计超额收益也高。在实施事件中,股改对价的影响不再显著,投资者开始关注企业的"未来",非流通股比重低、流通股赞成股份比重高的公司累计超额收益也高。

五、股权分置改革、市场扩容与限售股解禁的信息含量

股权分置改革对资本市场的影响最重要的一个方面就是会给市场带来很大的资金压力。本书研究了市场超额收益与解禁期的关系,预期随着解禁期的逐渐来临,市场累计超额收益为负。进一步,本书研究市场超额收益与公司特征的关系。我们预期市场超额收益与公司信息透明度有关,信息透明度越低的公司其股票价格下跌越少。

利用中国独特的股权分置改革限售股解禁的数据,我们发现在解禁前120天至解禁后20天,股改限售股平均存在-13%的累积异常收益,并且价格下跌主要发生在解禁日前40天左右。与此同时,我们发现,股改限售协议是解决道德风险问题的一种机制,在禁售期内,流通股股东如果发现公司质量低于股改方案中的预期或者发现非流通股股东的不当行为,他们会选择在解禁前出售股票以避免更大损失,从而导致股价在解禁前下跌。回归分析发现,透明度高的公司股票价格下跌较小,并且公司基本面的改善与解禁前后收益正相关,为信息发现假说提供了支持。实证结果还发现,解禁股的异常收益反映了公司基本面的时序变化和个股差异,为中国资本市场的有效性提供了支持。

第二节 政策建议

本书指出,股权分置问题的逐步解决,改变了非流通股股东的利益机制,将会推动我国资本市场在后股权分置时代的健康稳定发展。与此同时,还需要针对全流通时代的上市公司新特点,加强制度建设,完善公司治理结构。具体而言,有以下建议:

一、加快金融创新,强化资本市场的定价功能

本书的实证研究发现,股权分置改革对公司治理的影响更多地反映在对控股股东行为的影响上。股权分置改革导致了非流通大股东获得流通权,大股东损害上市公司利益的行为将受到自我约束。在后股权分置时期,股价将反映上市公司的内在价值,企业价值将逐步和市值统一,大股东利益也将受股价波动的影响,与公司长远利益趋于一致。全流通后,股价将反映上市公司的内在真实价值,资本市场的定价功能因此得到恢复。股票价格也是约束股东行为的重要的公司外部治理机制。股票定价机制的完善程度,直接关系到市场资源配置功能的发挥程度。股价是金融资源配置的"指示器"。只有在市场公平竞争基础上形成的公正合理的股价,才能有效指导增量金融资源的分配和存量金融资源的调整,使金融资源真正流向业绩优良、成长性好的公司。在全流通时代,股票定价功能的恢复将有助于引导投资者树立理性的投资理念。同时,资本市场的金融创新空间也将大为拓展,

如融资融券、股指期货、权证等金融衍生产品将进一步完善,而衍生品的推出将进一步优化资本市场的定价功能,并成为重要的市场约束力量。

二、完善新股发行制度,缩小一二级市场价差

　　股权分置改革之前我国股票市场的融资功能之所以不能完全发挥,除了大股东的股票不能流通导致上市公司圈钱严重外,行政式的股票发行制度没有反映企业真实融资需求也是重要的原因。股票的市场化定价不能只考虑二级市场的定价功能,也要完善一级市场的定价机制。在全流通的中国股票市场,新股定价是发行人以及投资者之间的利益博弈。股票发行价格过高,发行人将筹集到更多的资金,但是却面临着新股破发的风险;股票发行价格过低,则发行人融资成本增加,但投资者能获得较高的收益。目前,新股发行主要注重的是融资功能,这保证了发行人和投资银行的收益。但是,新股的发行,不仅仅要注重其融资功能,也要注重其投资功能。对新股发行的投资功能,主要需要从两个方面来保证投资者的利益:第一,就是新股未来有好的投资项目,能够持续盈利;第二个方面就是新股发行不能定价太高,定价太高必然导致投资者未来的投资收益降低。所以,新股的市场化定价是大势所趋,因为只有市场化定价才能均衡发行人和投资者之间的利益,缩短一二级市场的价差。因此,应当借鉴国外成熟市场的经验,提高网下配售比例,发挥大型机构投资者的价格发现功能,引入基石投资者,缩小累计投标询价价格区间等。

三、完善股权结构，提高公司治理，并监控大股东行为

股权分置改革的实施也会降低第一大股东的持股比例，并且第一大股东持股比例随着大额非流通限售股的解禁逐渐降低。同时法人、机构投资者以及境外投资者对上市公司的逐渐介入及持股比例的提高，会使"一股独大"格局有所改变，形成多个大股东制衡的局面，从而改善股权结构。股权分置时期，大股东多是采取直接的、公开的方式侵占上市公司利益，如利用关联交易通过直接借款或拖欠货款占用上市公司资金、操纵上市公司为其提供借款担保、与上市公司间进行非公允的资产购销和转移上市公司资金或资产。后股权分置时期，法律对大股东"掏空"上市公司的六种行为予以明确量刑定罪，包括资金占用、非公平关联交易、对外担保、放弃债权与承担债务和其他方式损害上市公司利益的行为。法律法规的完善和违法违规成本的提高，在有效遏止大股东不当行为的同时，也可能使大股东采取更加隐蔽和间接多样的方式侵占上市公司利益。全流通还会带来新的问题，全流通使大股东作为新的投资群体进入二级市场，由于大股东具有信息优势，其有可能利用内幕信息剥削小股东。股改之后大股东可以利用会计信息进行市场操纵，大股东与机构投资者合谋进行利益输送的可能性也在增加。

四、完善控制权市场，监督内幕交易

股权分置改革后控制权市场将更加有效。股改中绝大多数上

市公司都采取送股作为对价形式或者主要形式,而送股的直接后果是原掌握上市公司控制权的非流通大股东控制权的降低。另一方面,全流通后股权收购与转让的便利导致控制权威胁增加。全流通后可预见的股权(控制权)收购会更加频繁,构成了对上市公司控制者、管理层的有效监督,使得上市公司控制权市场有效性会得到提高。但由于大股东持股比例相比于股改前会减少,一些上市公司的大股东在股改后的持股比例甚至低于30%的相对控股比例,存在控制权旁落的潜在威胁。为摆脱被并购的威胁和压力,上市公司大股东将采取各种方式巩固和加强对上市公司的控制权,包括向大股东定向增发以提高持股比例、在二级市场增持股份等措施,阻碍控制权旁落。同时,并购重组的日益活跃可能为内幕交易提供土壤。因此在完善控制权市场的同时,还要加强内幕交易的监督和小股东的利益保护。

五、完善股权激励机制,提高企业经营绩效

股权分置改革前,非流通股股东和流通股股东的目标函数存在严重差异,相应地对管理层的考核和激励也以静态目标为主。股权分置改革后,股价成为上市公司价值的判断标准,管理层具备了和股东共同的公司治理目标,可以实行真正意义上的股票期权激励机制,这将有利于公司的长远发展。但这一激励机制在我国的应用仍处于起步阶段,股权激励计划是否真能达到预期的激励经营者努力工作、提高公司绩效和公司价值的效果,还取决于股权激励方案要素设计的合理性。股权激励是一把双刃剑,运用得当则可以激励经理人提高公司长期绩效,但运用不当,则会成为高管

腐蚀企业利润的工具,给企业带来巨额的摊销费用。因此,除了对股权激励方案中的激励对象、激励方式、行权价格、绩效条件、激励期限股票来源、股票数量等核心要素进行重点考核,还需要重点关注某些上市公司的管理层是否通过操纵利润以达到行权标准。因为,在实施股权激励的上市公司中,经营者的收益通常直接与股价挂钩,这可能促使公司高管对激励契约的制定与实施过程进行操纵。一旦契约计划的要素设计存在缺陷或者错误,公司高管就能通过特殊途径达到行权条件,在不必为企业价值的真正增长做出努力的情况下获得高额收益,使股东及其他利益相关者的利益蒙受重大损失。因此,股权激励计划是否能真正激励经营者努力工作、提高公司绩效和公司价值,关键取决于股权激励方案要素设计的合理性。

六、提高信息披露质量

信息披露是资本市场的重要组成部分,高质量的信息有利于提高资产的流动性,并降低上市公司的融资成本。股权分置改革前,上市公司虚假信息披露产生的主要原因在于大股东融资利益的最大化。我们的研究发现,股权分置改革确实可以有效地提升上市公司自愿性信息披露水平,表明股改之后公司控制者会更加关注资本市场的变化,存在提高公司透明度的动机。但与此同时,股权分置改革之后的大股东利益机制发生了很大的变化。虽然大股东的利益与股票价值挂钩且与小股东利益趋于一致,但是,还要防范大股东为了追求短期股权价值最大化,可能会对公司资产、业绩、经营环境上进行一些选择性披露,以取得有利的市场时机操纵股价。股改之后大股东可以利用粉饰报表、虚假披露、延迟披露、选择性披露等手段进行市场操纵,因此需要进一步从大股东控制的角度加强信息披露的监管。与此同时,我们认为提高信息披露质量的关键,还在于构建完善的、可操作的信息披露责任机制,强化上市公司管理层对信息披露的准确性、完整性、及时性的责任,包括足够的行政责任、刑事责任,对财务欺诈行为要形成有效的法律约束机制。

七、加大力度培育机构投资者

机构投资者是介于公司控股股东与外部中小股东之间的第三方力量,其凭借信息、资金、专业等方面的优势有能力对上市公司大股东、高管人员行为进行监督,从而降低公司代理成本,促进公司价值的提升。我们的研究发现,机构投资者持股比例和公司价值存在显著正相关关系,表明在后股改时期,机构投资者通过各种方式,促进了公司价值的提升。因此,在后股改时代,需要大力培育机构投资者,培育理性的投资者。与此同时,要使机构投资者达到政策所期望的目标,政策制定部门应在制度设计上尽可能地使上市公司大股东、机构投资者、中小股东的利益趋于一致,防范机构投资者与大股东合谋的动机,从制度的角度为机构投资者发挥作用提供良好的环境,只有如此才能真正发挥机构投资者对我国资本市场的促进作用。与此同时,我们认为,从国际经验比较看,我国资本市场机构投资者,整体规模依然偏小,机构投资者多元化尚显不足,大力支持机构投资者的发展,仍是我国资本市场今后的重要任务之一。与此同时,我们还应该促进机构投资者协调发展。

在稳步发展证券投资基金的同时,要不断扩大保险资金、企业年金和社保基金投资资本市场的资产比例和规模,并积极推动其他机构投资者的发展和壮大。

八、完善大小非减持的监控和管理

2009年是大小非解禁的高峰年,流通市值在总市值中的占比从年初的37%增加到年底的73%,A股市场基本实现了全流通。全流通对资本市场最重要的影响就是会给市场带来很大的资金压力。我们的研究表明,市场对远期供给压力的反应非常显著。因此,需要规范大小非的减持行为,以减轻市场的供给冲击。与此同时,还需要密切监控大股东尤其是控股股东,凭借对公司估值和业绩前景的信息优势,进行选择性的减持。目前,对大小非减持的法规主要是2008年证监会制定的《上市公司解除限售存量股份转让指导意见》,指导意见规定:"预计未来一个月内减持量超过总股本1%的,必须通过大宗交易系统转让;上市公司控股股东在公司年报、半年报公告前30日内不得转让解除限售的存量股份。"指导意见一方面缓解了大小非减持对市场的冲击,另一方面希望遏制利用信息优势的内幕交易。但是,指导意见还存在一些法律上的漏洞。目前,很多大小非通过隐蔽的减持,如减持比例接近但小于1%,这种行为就缺乏法律制度的监督。此外,指导意见只规定了控股股东在年报和半年报公布前不得转让解禁股份,但并没有对小非进行限制,也没有对季报和业绩预告进行规范。还需要对大非的行为进行限制,防止其利用内幕信息进行高抛低吸,如可规定大非减持后一年内不允许增持。因此,随着大小非减持行为的复杂化,需要进一步完善大小非减持的实施细则。其次,应加强大小非减持的信息披露。目前的指导意见仅仅规定大非股权减持需要履行信息披露的义务,但是对小非的减持没有明确要求,事实上,小非的零星减持总体比例也不小,不容忽视。监管部门应当建立更加及时的信息披露制度,可采取隔日、隔周披露小非的减持情况。对大非的减持信息披露还应以预约为主,大非应该通过大宗交易平台减持,且在减持前应公告减持动机,同时公布实际减持数量和价格以及减持起始时间,这样才能做到公平和透明,保护中小投资者利益。

参 考 文 献

1. Aboody D., and Kasznik R., 2000, "CEO Stock Options Awards and the Timing of Corporate Voluntary Disclosures", *Journal of Accounting and Economics*, Vol 29, pp. 73—100.
2. Ajinkya B., and P. Jain, 1989, "The Behavior of Daily Stock Market Volume", *Journal of Accounting and Economics*, pp. 331—359.
3. Allen, Franklin, Jun Qian, and Meijun Qian, 2005, "Law, finance, and economic growth in China", *Journal of Financial Economics*, Vol 77, pp. 57—116.
4. Altınkılıç, Oya, and Robert S. Hansen, 2003, "Discounting and Underpricing in Seasoned Equity Offers", *Journal of Financial Economics*, Vol. 69, pp. 285—323.
5. Ang, James S., Rebel A. Cole, and James Wu Lin, 2000, "Agency Costs and Ownership Structure", *Journal of Finance*, Vol. 55, No. 1, pp. 81—106.
6. Asquith, P. and Mullins, D. W., 1986, "Equity Issues and Offering Dilution", *Journal of Financial Economics*, p. 15.
7. Bagwell, and Laurie Simon, 1992, "Dutch Acution Repurchase: An Analysis of Shareholder Heterogeneity", *Journal of Finance*, Vol. 47, pp. 71—106.
8. Banerjee Abhijit V, Paul J. Gertler, and Maitreesh Ghatak., 2002, "Empowerment and Efficiency: Tenancy Reform in West Bengal", *Journal of Political Economy*, Vol. 110(2), pp. 239—280.
9. Barako, Dulacha G., Phil Hancock. and H. Y. Izan., 2006, "Factors Influencing Voluntary Corporate Disclosure by Kenyan Companies", *Corporate Governance: An International Review*, Vol. 14(2), pp. 10—125.
10. Barclay Michael, and Clifford Holderness, 1989, "Private Benefits of Control of Public Corporations", *Journal of Financial Economics*, Vol. 25, pp. 371—395.

11. Bertrand Marianne, Esther Duflo, and Sendhil Mullainathan. ,2004, "How Much Should WE Trust Differences in Differences Estimates?", *Quarterly Journal of Economy*, Vol. 119(1), pp. 249—275.
12. Bianco Megda, and Giovanna Nicodano, 2006, "Pyramidal Groups and Debt", *Journal of Finance*, Vol. 50(4), pp. 937—961.
13. Botosan Christine A. ,1997, "Disclosure Level and the Cost of Equity Capital", *The Accounting Review*, Vol. 72(3), pp. 323—349.
14. Botosan Christine A. ,2000, "Evidence that Greater Disclosure Lowers the Cost of Equity Capital", *Journal of Applied Corporate Finance*, Vol. 12(4), pp. 59—70.
15. Bradley, Daniel J. , Bradford D. Jordan, Ha-Chin Yi, and Ivan C. Roten, 2001, "Venture Capital and IPO Lockup Expiraton: An Empirical Analysis", *Journal of Financial Research* Vol. XXIV, pp. 465—492.
16. Brav, Alon, and Paul A. Gompers, 2003, "The Role of Lockups in Initial Public Offerings", *The Review of Financial Studies*, Vol. 16.
17. Brennan N. ,1999, "Voluntary Disclosure of Profit Forecasts by Target Companies in Takeover Bids", *Journal of Business Finance and Accounting*, Vol. 26, pp. 883—918.
18. Bushee B.,1998, "The Influence of Institutional Investor on Myopic R&D Investment Behavior", *The Accounting Review*, Vol. (No. 3, July), pp. 305—333.
19. Bushman, R. , and A. Smith, 2003, "Transparency, Financial Accounting Information and Corporate Governance", *Federal Reserve Bank of New York Economic Policy Review*, pp. 65—80.
20. Carhart Mark M. , 1997, "On the Persistence in Mutual Fund Performance", *Journal of Finance*, Vol. LII, pp. 57—82.
21. Chau Gerald K. , and Sidney J. Gray, 2002, "Ownership Structure and Corporate Voluntary Disclosure in Hongkong and Singapore", *International Journal of Accounting*, Vol. 37(2) pp. 247—265.
22. Chen, Honghui, Gregory Noronha, and Vijay Singal, 2004, "The Price Response to S&P 500 Index Additions and Deletions: Evidence of Asymmetry and a New Explanation", *Journal of Finance*, Vol. 59, pp. 1901—1930.
23. Chen, Joseph, Harrison Hong, and Jeremy Stein, 2002, "Breadth of Owner-

ship and Stock Returns", *Journal of Financial Economics*, Vol. 66, pp. 171—205.
24. Chow C. W., and A. Wong-Boren, 1987, "Voluntary Financial Disclosure by Mexican Corporations", *The Accounting Review*, Vol. 62(3), pp. 533—541.
25. Chung R. M., Firth, and J. Kim, 2002, "Institutional Monitoring and Opportunistic Earnings Management", *Journal of Corporate Finance*, Vol. 8 (No. 1, Jan.), pp. 29—48.
26. Claessens, Stijn, D. Simeon, J. Fan, and L. Lang, 1999, "The Expropriation of Minority Shareholders: Evidence from East Asia", World Bank, Washington DC.
27. Cooke T. E., 1989, "Voluntary Disclosure by Swedish Companies", *Journal of International Financial Management and Accounting*, Vol. 1(2), pp. 1—25.
28. Cronqvist, Henrik, and Mattias Nilsson, 2003, "Agency Costs of Controlling Minority Shareholders", *Journal of Financial and Quantitative Analysis*, pp. 695—719.
29. Darrough Masako N., 1993, "Disclosre Policy and Competition: Cournot vs. Bertrand", *The Accounting Review*, Vol. 68(3), pp. 534—561.
30. DeAngelo, Harry, and Linda E. DeAngelo, 1985, "Managerial Ownership of Voting Rights: A study of Public Corporations with Dual Classes of Common Stock", *Journal of Financial Economics*, Vol. 14, pp. 33—71.
31. Demsetz, Harold, and Kenneth Lehn, 1985, "The Structure of Corporate Ownership: Causes and Consequences", Journal of Political Economy, Vol. 93, pp. 1155—1177.
32. Denis, David J., Diane K. Denis, and Atulya Sarin, 1997, "Agency Problems, Equity Ownership, and Corporate Diversification", *Journal of Finance*, Vol. 52, pp. 135—160.
33. DePoers Florence., 2000, "A Cost-benefit Study of Voluntary Disclosure: Some Empirical Evidence from French Listed Companies", The European Accounting Review, Vol. 9(2), pp. 245—263.
34. Dhillon, Upinder, and Herb Johnson, 1991, "Changes in the Standard and Poor's 500 List", *Journal of Business*, Vol. 64, pp. 75—85.
35. Diamond Douglas W., 1985, "Optimal Release of Information by Firms",

Journal of Finance, Vol. 40(4), pp. 1071—1094.

36. Du Julan, and Yi Dai, 2005, "Ultimate Corporate Ownership Structure and Capital Structure: Evidence from East Asian Economics", *Corporate Governance: An International Review*, Vol. 13(1), pp. 60—71.

37. Dyck, Alexander, and Luigi Zingales, 2004, "Private Benefits of Control: an International Compaison", *Journal of Finance*, Vol. 2, pp. 537—600.

38. Dye Ronald A., 2001, "An Evaluation of 'Essays on Disclosure' and the Disclosure Literature in Accounting", *Journal of Accounting and Economics*, Vol. 32, pp. 181—235.

39. Elliott, William B., and Richard S. Warr, 2003, "Price Pressure on the NYSE and NASDAQ: Evidence From S&P 500 Index Changes", *Financial Management*, pp. 85—99.

40. Elston J. A., and L. G. Goldberg, 2003, "Executive Compensation and Agency Costs in Germany", *Journal of Banking and Finance*, Vol. 27, pp. 1391—1410.

41. Faccio, Mara and Larry H. P. Lang., 2002, "The Ultimate Ownership in Western European Corporations", *Journal of Financial Economics*, Vol. 65 (3), pp. 365—395.

42. Fama E., and K. French, 1992. "The Cross-section of Expected Stock Returns", *Journal of Finance*, 47.

43. Fama E., and M. Jensen, 1983, "Separation of Ownership and Control", *Journal of Law and Economics*, Vol. 26, pp. 301—325.

44. Fama E. F., and K. R. French. 1993, "Common Risk Factors in the Returns on Stocks and Bonds", *Journal of Financial Economics*, Vol. 33, pp. 3—56.

45. Ferguson M. J., Lam, K. C. K. and Lee, G. M., 2002, "Voluntary Disclosure by State-Owned Enterprise Listed on the Stock Exchange of Hong Kong", *Journal of International Financial Management and Accounting*, Vol. 13, pp. 125—152.

46. Field, Laura C., and Gordon Hanka, 2001, "The Expiration of IPO Share Lockups", *Journal of Finance*.

47. Forker John J., 1992, "Corporate Governance and Disclosure Quality", *Accounting & Business Research*, Vol. 22, pp. 111—124.

48. Francis Jennifer, Dhananjay Nanda, and Per Olsson, 2008, "Voluntary Dis-

closure, Earnings Quality, and Cost of Capital", *Journal of Accounting Research*, Vol. 46(1), pp. 53—99.
49. Francis, Jere R., Inder K., Khurana and Raynolde Pereira.,2005, "Disclosure Incentives and Effects on Cost of Capital around the World" *The Accounting Review*, Vol. 80(4), pp. 1125—1162.
50. Francis J., Hanna J. and Philbrick D.,1998, "Management Communications with Securities Analysts", *Journal of Accounting and Economics*, Vol. (24), pp. 363—394.
51. French K., and R. Roll,1986, "Stock Return Variance: The Arrival of Information and the Reaction of Traders", *Journal of Financial Economics*, Vol. 17, pp. 5—26.
52. Gibbins M. L., Richardson A. and Waterhouse J.,1990, "The Management of Corporate Financial Disclosure: Opportunism, Ritualism, Policies, and Process", *Journal of Accounting Research*, Vol. 28, pp. 121—143.
53. Gompers, Paul A., Ishii, Joy L., and Metrick, Andrew,2003, "Corporate Governance and Equity Prices", *Quarterly Journal of Economics*, Vol. 118.
54. Gray S. J., Meek G., & Roberts C. B.,1995, "International Capital Market Pressure and Voluntary Disclosures by U. S. and U. K. Multinationals", *Journal of International Financial Management and Accounting*, Vol. 6(1), pp. 43—68.
55. Grossman, and Hart,1988, "One Share One Vote and the Market for Corporate Control", *Journal of Financial Economics*, Vol. 20, pp. 175—202.
56. Grossman, Sanford, and Oliver Hart,1980, "Takeover Bids, the Free Rider Problem and the Theory of the Corporation", *Bell Journal of Economics*, Vol. 11, pp. 42—69.
57. Grossman S.,1981, "The Role of Warranties and Private Disclosure about Product Quality", *Journal of Law and Economics*, Vol. 24(3), pp. 461—493.
58. Haniffa R. M., and Cooke T. E.,2002, "Culture, Corporate Governance and Disclosure in Malaysian Corporations", *Abacus*, Vol. 38(3), pp. 317—349.
59. Harris, Lawrence, and Eitan Gurel,1986, "Price and Volume Effects Associated with Changes in the S&P 500 List: New Evidence for the Existence of Price Pressures", *Journal of Finance*, Vol. 41, pp. 815—829.

60. Harrison, J. Michael, and David M. Kreps, 1978, "Speculative investor behavior in a stock market with heterogeneous expectations", Quarterly Journal of Economics, Vol. 92, pp. 323—336.
61. Harvey, Campbell R., Karl V. Lins, and Andrew H. Roper 2004, "The Effect of Capital Structure When Expected Agency Costs Are Extreme", Journal of Financial Economics, Vol. 74, pp. 3—30.
62. Healy Paul M., and Krishna G. Palepu, 1993, "The Effect of Firms' Financial Disclosure Strategies on Stock Prices", Accounting Horizons, Vol. 7, pp. 1—11.
63. Healy Paul M., and Krishna G. Palepu, 1995, "The Challenges of Investor Communications: The Case of CUC International Inc.", Journal of Financial Economics, Vol. 38, pp. 111—141.
64. Healy Paul M., and Krishna G. Palepu, 2001, "Information Asymmetry, Corporate Disclosure, and the Capital Markets: A Review of the Empirical Disclosure Literature", Journal of Accounting and Econcomics, Vol. 31, pp. 405—440.
65. Healy P., Hutton A., and Palepu K., 1999, "Stock Performance and Intermediation Changes Surrounding Sustained Increases in Disclosure", Contemporary Accounting Research, Vol. 16, pp. 485—520.
66. Hong, Harrison, Jose Scheinkman, and Wei Xiong, 2006, "Asset Float and Speculative Bubbles", Journal of Finance, Vol. LXI, pp. 1073—1117.
67. Hossain M., Tan L. M., and Adams M., 1994, "Voluntary Disclosure in an Emerging Capital Market: Some Empirical Evidence from Companies Listed on the Kuala Lumpur Stock Exchange", International Journal of Accounting, Vol. 29, pp. 334—351.
68. Jaggi Bikki, Low Pek Yee, 2000, "Impact of Culture, Market Forces and Legal System on Financial Disclosures", International Journal of Accounting, Vol. 35, pp. 495—519.
69. Jensen, and Meckling, 1976, "Theory of the Firm: Managerial Behavior, Agency Cost and Ownership Cost", Journal of Financial Economics, Vol. 3, pp. 305—60.
70. Johnson Simon, Rafael La Porta, Florencio Lopez-de-Silanes, and Andrei Shleifer, 2000, "Tunneling", American Economic Review, Vol. 90(2), pp.

22—27.
71. Kandel, Samuel, Oded Sarig, and Avi Wohl, 1999, "The Demand for Stocks: An Analysis of IPO Auctions", *Review of Financial Studies*, Vol. 12, pp. 227—248.
72. Kaul, Aditya, Vikas Mehrotra, and Randall Morck, 2000, "Demand Curves for Stocks Do Slope Down: New Evidence from an Index Weights Adjustment", Journal of Finance, Vol. 55, pp. 893—912.
73. Kevin C. W. Chen, and Hongqi Yuan, 2004, "Earning Management and Capital Resource Allocation: Evidence from China's Accounting-Based Regulation of Rights Issues", *The Accounting Review*, Vol. 3, pp. 645—665.
74. La Porta, Rafael, and Florencio Lopez-de-Silanes, 1999, "Benefits of Privatization: Evidence from Mexico", *Quarterly Journal of Economics*, Vol. 114 (4), pp. 1193—1242.
75. La Porta, RaFael, Florencio Lopez-deSilance, and Andrei Shleifer, 1999, "Corporate Ownership Around the World", *Journal of Finance*, Vol. 54.
76. Lang M., and Lundholm R., 1993, "Cross-Sectional Determinants of Analysts Ratings of Corporate Disclosures", *Journal of Accounting Research*, Vol. 31, pp. 246—271.
77. Leuz G., and R. Verrecchia, 2000, "The Economic Consequence of Increased Disclosure", *Journal of Accounting Research*, Vol. 38, pp. 91—135.
78. Lintner, John, 1965, "The Valuation of Risk Assets and the Selection of Risky Investments in Stock Portfohos and Capital Budgets", *Review of Economics and Statistics*, Vol. 47, pp. 13—37.
79. Luo Shuqing, and Stephen M. Courtenay, Mahmud Hossain, 2006, "The Effect of Voluntary Disclosure, Ownership Structure and Proprietary Cost on the Return-future Earnings Relation", *Pacific-Basin Finance Journal*, Vol. 14, pp. 501—521.
80. Lynch, Anthony W., and Richard R. Mendenhall, 1997, "New Evidence on Stock Price Effects Associated with Changes in the S&P 500 Index", *Journal of Business*, Vol. 70.
81. McConnell, John J., and Henri Servaes, 1990, "Additional Evidence on Equity Ownership and Corporate Value", *Journal of Financial Economics*, Vol. 27, pp. 595—612.

82. Meek G. K. , and S. J. Gray. , 1989 , " Globalization of Stock Markets and Foreign Listing Requirements: Voluntary Disclosures by Continental European Companies Listed on the London Stock Exchange" , *Journal of International Business Studies*, Vol. 20(2) , pp. 315—336.
83. Meek Gary K. , Clare B. Roberts, and Sidney J. Gray, 1995 , " Factors Influencing Voluntary Annual Report Disclosures by U. S. , U. K. and Continental European Multinational Corporations" , *Journal of International Business Studies*, Vol. 26(3) , pp. 555—572.
84. Merton, R. C. , 1987 , " A Simple Model of Capital Market Equilibrium with Incomplete Information" , *Journal of Finance*, Vol. 42.
85. Milgrom P. R. , 1981 , " Good News and Bad News: Representation Theorems and Applications" , *Bell Journal of Economics*, Vol. (12) , pp. 380—391.
86. Miller, G. , and Piotroski, J. , 2000 , " The Role of Disclosure for HighBook-to-Market Firms" , Unpublished working paper, Harvard University.
87. Mitchell, Mark, Todd Pulvino, and Erik Stafford, 2004 , " Price Pressure around Mergers" , *Journal of Finance*, Vol. 59 , pp. 31—63.
88. Morck, R. , A. Shleifer, and R. Vishny, 1988 , " Management Ownership and Market Valuation: An Empirical Analysis" , *Journal of Financial Economics*, Vol. 20 , pp. 293—315.
89. Myers S. , and Majluf N. , 1984 , " Corporate Financing and Investment Decisions when Firms Have Information that Investors do not Have" , *Journal of Financial Economics*, Vol. 13 , pp. 187—222.
90. Noe C. , 1999 , " Voluntary Disclosures and Insider Transactions" , *Journal of Accounting and Economics*, Vol. 27 , pp. 305—327.
91. Odean, Terrance, 1998 , " Are Investors Reluctant to Realize Their Losses? " , *Journal of Finance*, Vol. 53 , pp. 1775—1798.
92. Parrino R. , R. W. Sias, and L. T. Starks, 2003 , " Voting With Their Feet: Institutional Investors and CEO Turnover" , *Journal of Financial Economics*, Vol. 68 (No. 1 , Apr.) , pp. 3—46.
93. Qian Sun, Wilson H. S. Tong, 2003 , " China Share Issue Privatization: The Extent of its Success " , *Journal of Financial Economics*, Vol. 70.
94. Ross, S. A. , " The Arbitrage Theory of Capital Asset Pricing " , 1976 , *Journal of Economic Theory*, Vol. 13.

参考文献

95. Scholes, Myron S. , 1972, "The Market for Securities: Substitution versus Price Pressure and Effects of Information on Share Prices", Journal of Business, Vol. 45, pp. 179—211.
96. Sengupta Partha. , 1998, "Corporate Disclosure Quality and the Cost of Debt", The Accounting Review, Vol. 73(4), pp. 459—474.
97. Sharpe, W. F. , 1964, "Capital Asset Prices: A Theory of Market Equilibrium under Conditions of Risk", Journal of Finance, Vol. 19.
98. Shleifer, Andrei, 1986, "Do Demand Curves for Stocks Slope Down?", Journal of Finance, Vol. 41, pp. 579—590.
99. Shleifer, Andrei, and R. Vishny, 1997, "A Survey of Corporate Governance", Journal of Finance, Vol. 52, pp. 737—83.
100. Silber, W. L. , 1991, "Discount on Restricted Stocks: The Impact of Illiquidity on Stock Prices", Financial Analyst Journal, Vol. 47, pp. 60—64.
101. Singhvi, S. , and Desai H. B. , 1971, "An Empirical Analysis of the Quality of Corporate Financial Disclosure", The Accounting Review, Vol. 46, pp. 621—632.
102. Skinner, D. , 1993, "The Investment Opportunity Set and Accounting Procedure Choice: Preliminary Evidence", Journal of Accounting and Economics, Vol. 17, pp. 407—446.
103. Skinner, D. , 1994, "Why Firms Voluntarily Disclose Bad News", Journal of Accounting Research, Vol. 32, pp. 38—61.
104. Skinner, D. , 1997, "Earnings Disclosures and Stockholder Lawsuits", Journal of Accounting and Economics, Vol. 23, pp. 249—283.
105. Slovin, Myron B. , and Marie E. Sushka, 1993, "Ownership Concentration, Corporate Control Activity, and Firm Value: Evidence from the Death of Inside Blockholders", Journal of Finance Vol. 48, pp. 1293—1321.
106. Stulz, Rene, 1988, "Managerial Control of Voting Rights: Financing Policies and the Market for Corporate Control", Journal of Financial Economics, Vol. 20, pp. 25—54.
107. Trueman, B. , 1986, "Why do Managers Voluntarily Release Earnings Forecasts?", Journal of Accounting and Economics, Vol. 8, pp. 53—72.
108. Verrecchia, R. , 1983, "Discretionary Disclosure", Journal of Accounting and Economics, Vol. 5, pp. 179—194.

109. Verrecchia, Robert E. , 2001, "Essays on Disclosure", *Journal of Accounting and Econcomics*, Vol. 32, pp. 97—180.

110. Wang kun. , Sewon O. M. , Cathy Claiborne. , 2008, "Determinants and Consequences of Voluntary Disclosure in an Emerging Market: Evidence from China", *Journal of International Accounting, Auditing and Taxation*, Vol. 17, pp. 14—30.

111. Welker M. , 1995, "Disclosure Policy, Information Asymmetry and Liquidity in Equity Markets", *Contemporary Accounting Research*, Vol. 11, pp. 801—828.

112. Woidtke T. , 2002, "Agents Watching Agents? Evidence from Pension Fund Ownership and Firm Value", *Journal of Financial Economics*, Vol. 63, pp. 99—131.

113. Xiao Jason Zezhong, He Yang and Chee W. Chow. , 2004, "The Determinants and Characteristics of Voluntary Internet-based Disclosures by Listed Chinese Companies", *Journal of Accounting and Public Policy*, Vol. 23, pp. 191—225.

114. 白重恩、刘俏、陆洲、宋敏、张俊喜："中国上市公司治理结构的实证研究"，《经济研究》2005年第2期

115. 陈工孟、高宁："我国证券监管有效性的实证研究"，《管理世界》2005年第7期

116. 陈凌、熊艳艳："从政府到市场：国外国有企业民营化文献综述"，《经济社会体制比较》2004年第3期

117. 陈明贺："股权分置改革及股权结构对公司绩效影响的实证研究"，《南方经济》2007年第2期

118. 陈蛇、陈朝龙："股权分置改革的表决机制为何引发市场异常波动"，《财经科学》2005年第4期

119. 陈小悦、肖星、过晓艳："配股权与上市公司利润操纵"，《经济研究》2000年第1期

120. 陈小悦、徐晓东："股权结构、企业绩效与投资者利益保护"，《经济研究》2001年第11期

121. 陈晓、王琨："关联交易公司治理与国有股改革：来自我国资本市场的实证证据"，《经济研究》2005年第4期

122. 陈信元、江峰："事件模拟与非正常收益模型的检验力——基于中国

A股市场的经验检验",《会计研究》2005年第7期
123. 崔学刚:"公司治理机制对公司透明度的影响",《会计研究》2004年第8期
124. 丁守海:"股权分置改革效应的实证分析",《经济理论与经济管理》2007年第1期
125. 董峰、韩立岩:"中国股市透明度提高对市场质量影响的实证分析",《经济研究》2006年第5期
126. 方铁强、夏立军、李莫愁:"控制权转移后公司业绩变化的影响因素分析——基于效率理论和管制理论的解释",《财经研究》2006年第1期
127. 奉立城、许伟河:"股权分置改革试点上市公司的超常收益实证研究",《当代财经》2006年第2期
128. 傅勇、谭松涛:"股权分置改革中机构合谋与内幕交易",《金融研究》2008年第3期
129. 高雷、何少华、殷树喜:"中国基金管理人持股偏好实证研究",《中国会计与财务研究》2007年第3期
130. 何诚颖、李翔:"股权分置改革、扩容预期及其市场反应的实证研究",《金融研究》2007年第4期
131. 何丹、朱建军:"股权分置、控制权私人收益与控股股东融资成本",《会计研究》2007年第5期
132. 何如:《股权分置改革操作实务与后股权分置时代》,华夏出版社2000年版
133. 胡汝银、司徒大年:《公司治理评级研究》,工作论文,2003年
134. 胡一帆、宋敏、张俊喜:"中国国有企业民营化绩效研究",《经济研究》2006年第7期
135. 胡援成、龚剑锋、胡宁:"我国上市公司股权分置改革效应研究",《江西社会科学》2007年第3期
136. 金雪军、张学勇:"经济理论与经济管理",《经济理论与经济管理》2005年第8期
137. 靳庆鲁、原红旗:"股改对价反映了公司的盈利和风险吗",《中国会计与财务研究》2007年第4期
138. 靳云汇、刘霖:"中国股票市场CAPM的实证研究",《金融研究》2001年第7期

139. 李丹蒙:"金字塔控股结构与公司透明度",《经济评论》2008年第3期
140. 李平:"影响股权分置改革对价水平的几个因素",《中国证券报》,2005年6月29日
141. 李善民、陈玉罡:"上市公司兼并与收购的财富效应",《经济研究》2002年第11期
142. 李维安:"公司治理评价与指数研究",高等教育出版社2005年版
143. 李维安、张国萍:"经理层治理评价指数与相关绩效的实证研究",《经济研究》2005年第11期
144. 李增泉、孙铮、王志伟:"掏空与所有权安排——来自我国上市公司大股东资金占用的经验证据",《会计研究》2004年第12期
145. 李增泉、余谦、王晓坤:"掏空、支持与并购重组",《经济研究》2005年第1期
146. 郦金梁、廖理、沈红波:"股权分置改革与股票需求价格弹性",《中国工业经济》2010年第2期
147. 廖理、刘碧波、郦金梁:"道德风险、信息发现与市场有效性——来自股权分置改革的证据",《金融研究》2008年第4期
148. 廖理、沈红波、郦金梁:"股权分置改革与上市公司治理的实证研究",《中国工业经济》2008年第5期
149. 廖理、张学勇:"全流通纠正终极控制者利益取向的有效性",《经济研究》2008年第8期
150. 刘芍佳、孙霈、刘乃全:"终极产权论、股份机构及公司绩效",《经济研究》2003年第4期
151. 刘小玄:"民营化改制对中国产业效率的效果分析",《经济研究》2004年第8期
152. 马忠、吴翔宇:"金字塔结构对自愿性信息披露程度的影响:来自家族控股上市公司的经验验证",《会计研究》2007年第1期
153. 平新乔、李自然:"上市公司再融资资格的确定与虚假信息披露",《经济研究》2003年第2期
154. 屈文洲、许年行、关加雄、吴世农:"市场化、政府干预与股票流动性溢价的分配",《经济研究》2008年第4期
155. 深圳证券交易所研究报告:《股权分置改革的回顾与总结》,深证综研字第0147号,2006年

156. 沈艺峰、吴世农:"我国证券市场过度反应了吗",《经济研究》1999年第2期
157. 沈艺峰、许琳、黄娟娟:"我国股权分置中对价的'积聚'现象分析",《经济研究》2006年第11期
158. 石美娟、童卫华:"机构投资者提升公司价值吗——来自后股改时期的经验证据",《金融研究》2009年第10期
159. 史宇鹏、周黎安:"地区放权与经济效率:以计划单列为例",《经济研究》2007年第1期
160. 苏启林、朱文:"上市公司家族控制与企业价值",《经济研究》2003年第8期
161. 汪炜、蒋高峰:"信息披露、透明度与资本成本",《经济研究》2004年第7期
162. 王斌、梁欣欣:"公司治理、财务状况与信息披露质量",《会计研究》2008年第3期
163. 王化成、陈晋平:"上市公司收购的信息披露——披露哲学、监管思路和制度缺陷",《管理世界》2002年第11期
164. 王鹏、周黎安:"控股股东的控制权、所有权与公司绩效:基于中国上市公司的证据",《金融研究》2006年第2期
165. 王亚平、吴联生、白云霞:"中国上市公司盈余管理的频率与幅度",《经济研究》2005年第12期
166. 翁洪波、吴世农:"机构投资者、公司治理与上市公司股利政策",《中国会计评论》2007年第3期
167. 吴超鹏、郑方镳、林周勇、李文强、吴世农:"对价支付影响因素的理论和实证分析",《经济研究》2006年第8期
168. 吴世农、许年行:"资产的理性定价模型和非理性定价模型的比较研究——基于中国股市的实证分析",《经济研究》2004年第6期
169. 吴晓求:《中国资本市场:股权分裂与流动性变革》,中国人民大学出版社2004年版
170. 吴晓求:《股权分置改革后的中国资本市场》,中国人民大学出版社2006年版
171. 肖军、徐信忠:"中国股市价值反转投资策略有效性实证研究",《经济研究》2004年第3期
172. 辛宇、徐莉萍:"投资者保护视角下治理环境与股改对价之间的关系

研究",《经济研究》2007年第9期
173. 许年行、吴世农:"我国上市公司股权分置改革中的锚定效应研究",《经济研究》2007年第1期
174. 许小年:"以法人机构为主建立公司治理机制和资本市场",《改革》1997年第5期
175. 晏艳阳、赵大玮:"我国股权分置改革中内幕交易的实证研究",《金融研究》2006年第4期
176. 杨丹、魏韫新、叶建明:"股权分置对中国资本市场实证研究的影响及模型修正",《经济研究》2008年第3期
177. 杨之曙、彭倩:"中国上市公司收益透明度实证研究",《会计研究》2004年第11期
178. 姚洋:"非国有经济成分对我国工业企业技术效率的影响",《经济研究》1998年第12期
179. 姚颐、刘志远、王健:"股权分置改革、机构投资者与投资者保护",《金融研究》2007年第11期
180. 袁显平、柯大钢:"事件研究方法及其在金融经济研究中的应用",《统计研究》2000年第10期
181. 曾颖、陆正飞:"信息披露质量与股权融资成本",《经济研究》2006年第2期
182. 张俊喜、王晓坤、夏乐:"实证研究股权分置改革中的政策与策略",《金融研究》2006年第8期
183. 张伟强、王珺、廖理:"股改中的'实惠效应'与'未来效应'",《中国工业经济》2008年第11期
184. 张学勇、廖理:"股权分置改革、自愿信息披露与公司治理",《经济研究》2010年第4期
185. 赵俊强、廖士光、李湛:"中国上市公司股权分置改革中的利益分配研究",《经济研究》2006年第11期
186. 郑志刚、孙艳梅、谭松涛、姜德增:"股权分置改革对价确定与我国上市公司治理机制有效性的检验",《经济研究》2007年第7期

附录:国家社科基金项目的主要阶段性成果

1. Li Liao, Bibo Liu, Hao Wang, 2011, "Information Discovery in Share Lockups: Evidence from the Split-share Structure Reform in China", *Financial Management*, Vol. 40, pp. 1001—1027.

2. "全流通纠正终极控制者利益取向的有效性",《经济研究》2008年第8期

3. "股权分置改革、自愿信息披露与公司治理",《经济研究》2010年第4期

4. "机构投资者提升公司价值吗——来自后股改时期的经验证据",《金融研究》2009年第10期

5. "道德风险、信息发现与市场有效性——来自于股权分置改革的证据",《金融研究》2008年第4期

6. "Fama-French三因子模型与股权分置改革市场效应研究",《数量经济技术经济研究》2008年第9期

7. "股权分置改革与上市公司治理的实证研究",《中国工业经济》2008年第5期

8. "股权分置改革与股票需求价格弹性",《中国工业经济》2010年第2期

9. "股改中的'实惠效应'与'未来效应'",《中国工业经济》

10. Jinliang Li, Li Liao, Hongbo Shen, 2008, "An Inelastic Demand Curve for Stocks: Evidence from China's Split-share Structure Reform", The Tenth NBER-CCER Conference on China and the World Economy, 2008.

11. Li Jin, Li Liao, Jianyi Wu, Aldo Sesia, "Stock Reform of Shenzhen Development Bank", N9—210—011, *Harvard Business School Publishing*, Boston, 2010.